EVOLUCIÓN ESPIRITUAL

Regenerar la mente

y

despertar el alma

Other Theosophy Trust Books

EVOLUCIÓN ESPIRITUAL

Regenerar la mente
y
despertar el alma

POR

RAGHAVAN N. IYER

———

THEOSOPHY TRUST BOOKS

NORFOLK, VA

Evolución espiritual
Regenerar la mente y despertar el alma

Título del original en inglés:

Regenerating the Mind and
Awakening the Soul

Los libros de Theosophy Trust pueden pedirse a través de Amazon.com y otros puntos de venta, o visitando la página web:

https://www.theosophytrust.org/theosophy-online-books.htm

ISBN-13: 978-1-955958-02-8

Library of Congress Control Number: 9781955958028

Impreso en los Estados Unidos de América

Los principios centrales de la *Theosophia* no se derivan de ninguna secta antigua o moderna, sino que representan la sabiduría acumulada de los siglos, la herencia no registrada de la humanidad. Su vasto esquema de evolución cósmica y humana proporciona a todos el alfabeto simbólico necesario para interpretar sus visiones recurrentes, así como el marco universal y el vocabulario metafísico, extraídos de muchos místicos y videntes, que les permiten comunicar sus propias percepciones intuitivas. Todos los escritos místicos auténticos se enriquecen con el sabor alquímico del pensamiento Teosófico. La Teosofía es un sistema integrado de verdades fundamentales enseñadas por Iniciados y Adeptos a lo largo de milenios. Es la *Philosophia Perennis*, la filosofía de la perfección humana, la ciencia de la espiritualidad y la religión de la responsabilidad. Es la fuente primitiva de innumerables sistemas religiosos, así como la esencia oculta y la sabiduría esotérica de cada uno. El hombre, una mónada inmortal, ha podido preservar esta herencia sagrada a través de los esfuerzos sacrificiales de individuos iluminados y compasivos, o Bodhisattvas, que constituyen una antigua Hermandad. Ayudan silenciosamente en la evolución ética y el desarrollo espiritual de toda la humanidad. La *Theosophia* es la Sabiduría Divina, transmitida y verificada durante eones por los sabios que pertenecen a esta Hermandad secreta.

por Raghavan Iyer
Hermes, agosto de 1979

CONTENTS

LA INTRODUCCIÓN

Desde el Ciclo de 1875 del Movimiento Teosófico y la publicación de *La Doctrina Secreta* de H. P. Blavatsky en 1886, ha habido un amplio interés en el mundo de habla hispana por tener traducciones de muchos de los "textos" primarios de las enseñanzas Teosóficas originales. Ya se ha hecho mucho para proporcionar dichas traducciones, y su recepción ha sido elevadora para muchos de los que ahora las han estudiado. Pero lo que ha faltado en el pasado reciente es un mayor acceso para el mundo no angloparlante a las enseñanzas profundamente importantes del Ciclo de 1975, los ensayos notablemente perspicaces que fueron escritos por el Prof. Raghavan Iyer en la revista *Hermes*, y su magnífica obra de tres volúmenes, *The Gupta Vidya*. Por primera vez, algunos de estos ensayos están disponibles en español por intermedio de Theosophy Trust, y seguramente habrá más.

Los siete ensayos espiritualmente penetrantes incluidos en este volumen son ejemplos de las frescas interpretaciones Teosóficas de la Sabiduría-Religión Eterna escritas por Shri Raghavan N. Iyer y difundidas por el bien de toda la humanidad. Los artículos reflejan el dorado principio Hermético (como es arriba es abajo) que enfatiza la comprensión de la metafísica con la aplicación de la ética, la teoría y la práctica. Abarcan todo el espectro del pensamiento humano, desde lo metafísico hasta lo místico, desde lo ético hasta lo psicológico, desde lo espiritual hasta lo material, y desde lo mítico hasta lo histórico. Cada uno de ellos está dedicado a despertar la intuición más profunda y la sabiduría del alma de los buscadores espirituales. Dichos ensayos abordan los problemas críticos de la época, proporcionan los tan necesarios "correctivos a la conciencia" y ofrecen una base de verdadero optimismo para el desarrollo, a lo largo de muchas vidas, de una base mucho mayor de potencial humano y solidaridad.

El primer artículo, "Evolución espiritual", ofrece un amplio resumen de los principios del mundo metafísico viviente de Dios, la Naturaleza y el Hombre. El hombre es visto como el microcosmos del macrocosmos dentro de un universo de reflejo complejo de la Unidad del Todo. El despliegue del universo y de toda la existencia se denomina en los antiguos textos sagrados indios, un *manvantara*, y cuando se repliega en el potencial latente de ESO - la Única Realidad Absoluta - se llama *pralaya*. El despliegue manvántrico de la existencia, la diferenciación del Uno en los Muchos, es un proceso complejo que va más allá de la comprensión cotidiana, pero podemos obtener una imagen general del proceso y de su significado, en la que es posible profundizar mediante el pensamiento, la reflexión y la meditación.

El despertar de la existencia comienza con la Realidad Absoluta Única. Puesto que todo lo que puede ser ya está en el Uno en forma potencial, a veces se le llama la Vida Única, de la que surgen el espíritu, la materia y la conciencia. De forma análoga a la luz blanca pura que pasa a través de un prisma y se diferencia en siete colores del arco iris o siete rayos, cada uno con su longitud de onda distintiva, así la Vida Única abarca, infunde y se diferencia, al tiempo, en siete principios que son las características fundamentales de la existencia.

Estos siete principios constituyen todo lo que existe, tanto a nivel cósmico como individual. Pueden caracterizarse en el individuo como (1) el cuerpo físico, que al ser la diferenciación más burda, es más un efecto de todo lo demás que una causa de algo; (2) el cuerpo astral, la sede de nuestros sentidos, así como el plan y la estructura sobre la que se construye el cuerpo físico; y (3) la fuerza vital universal que impregna todas las formas de vida (llamada *prana* en sánscrito). *Prana* significa literalmente "aliento", y es un reflejo del principio más elevado y universal, *Atma*. Al igual que nuestra respiración es absolutamente necesaria para mantenernos vivos, el *prana* sostiene toda la vida en todas sus formas. (4) *Kama*, que significa "deseo" (y a veces "amor") es el principio que impulsa a los seres en diversas direcciones, dependiendo de cómo se entiendan a sí mismos –como veremos. (5) *Manas*, mente, es el principio pensante que puede idear y reflexionar en muchos niveles, incluyendo la intuición espiritual más elevada, la compasión y el conocimiento espiritual, llamado (6) *buddhi*, conocimiento espiritual, que es al mismo tiempo fundamental y universal, pero no personal. A *buddhi* también se le llama "alma espiritual", la base en el individuo para la luz de (7) *Atma*, que no es un principio individual en el sentido de los otros porque es universal y derrama su radiación por igual sobre todo en la manifestación, desde los seres más elevados hasta los más bajos. En esta concepción, los tres principios superiores en el hombre forman una Tríada inmortal, *Atma-Buddhi-Manas*, la Mónada y la verdadera individualidad de cada persona. Los primeros cuatro principios -y los más bajos- constituyen los vehículos personales, incluyendo la personalidad mundana -que permite a la persona vivir y moverse en el mundo, lo cual posibilita al Alma inmortal, asentada en los principios superiores, tamizar a través de la experiencia, discernir lo fugaz de lo eterno y aprender a través de numerosas encarnaciones.

Dentro de este espectro de conciencia, es posible para cada ser humano enfocar la conciencia cada vez más en la tríada superior, inmortal, imperecedera e inmaculada. Es esa tríada superior -el almacén del conocimiento espiritual y la base de la expresión del pensamiento universal y compasivo- la que nos permite ejercer la intuición espiritual y obtener la fuerza y la perspicacia espirituales necesarias para refinar nuestras vestimentas inferiores con el fin de actuar de acuerdo con la ley cósmica o ley universal. La participación en el cosmos, en la vasta naturaleza cíclica de la evolución, implica el descenso del espíritu a la materia en aras de obtener la autoconciencia y el refinamiento de la materia en vestiduras que puedan albergar al ser espiritual llamado Hombre. Este proceso es vasto y complejo, e implica numerosos ciclos superpuestos y simultáneos de longitudes muy diferentes.

Desde esta perspectiva exaltada del descenso del hombre espiritual a los ropajes de la materia, todo lo que existe sólo tiene una realidad relativa, ya que la apariencia para cualquier observador depende de su poder de cognición. *Maya*, o la ilusión, es por lo tanto un elemento que está en todas las cosas finitas. Todo lo que existe fuera de la Verdad Eterna -que no tiene forma, color ni limitación- puede considerarse ilusorio. Así, en el artículo "La verdad y la no violencia", Gandhi y otros hacen la distinción entre la verdad absoluta, *SAT*, y las verdades relativas. Desde este punto de vista, no se puede reclamar una verdad absoluta. Las ideologías que afirman una verdad absoluta están condenadas a la decadencia. Las verdades relativas son relativas a nuestro plano de percepción, en un momento dado, en una situación particular.

La gran síntesis de *La Doctrina Secreta* traída a través del Movimiento Teosófico a la era moderna por H. P. Blavatsky, aborda la verdad universal. Ella describe la enseñanza eterna, *Theosophia*, como idéntica a *SAT* o Verdad Absoluta. De este modo, la Teosofía es sólo una emanación parcial de ella, el océano sin orillas de la Verdad universal que refleja los rayos del sol de *SAT*. Sin embargo, lo que es verdadero en el plano metafísico debe serlo también en el plano físico. H.P. Blavatsky explicó: "El esfuerzo por asimilar la ley individual y la ley universal se conoce popularmente como la práctica de la moral. La obediencia a esta ley universal, después de comprobarla, es la verdadera religión, que ha sido definida por el Señor Buda como 'la realización de lo Verdadero'." H. P. Blavatsky reconoció las enseñanzas de Buda como parte del esfuerzo continuo de una línea de Sabios y Maestros que han dilucidado la vida ética para la humanidad.

Mahatma Gandhi, un ejemplo de sabiduría en acción, vivió en el espíritu Teosófico. El eje del pensamiento de Mahatma Gandhi consistía en los principios universales de la verdad (*Satya*) y la no violencia (*Ahimsa*). Para Gandhi, toda la vida es sagrada y "sólo la verdad es Dios". Todos los seres humanos buscan, a lo largo de muchas vidas, realizar la Verdad más elevada para obtener la plenitud última. Sin embargo, Gandhi hizo una importante distinción entre la verdad absoluta y la verdad relativa. Plantear la idea de la verdad absoluta es necesario porque proporciona aquello a lo que se puede aspirar: el ideal siempre brillante e inspirador. Sin embargo, nos damos cuenta de que en la Tierra vivimos esa verdad en el contexto de las verdades relativas distorsionadas que todos encarnamos. La vida de Gandhi fue un continuo y a veces arduo experimento para realizar la verdad y la no violencia, en el que se hacía hincapié en la autocorrección y la autorreforma y que reflejaba una fuerte lucha interior con la ley moral superior o karma. Esta ley moral superior trasciende la ley y la moral ordinarias y es la base de una verdad viva según la cual actuar. Esta es la base de la insistencia de Gandhi en ser entrenado para actuar como un *satyagrahi*, alguien que "mantiene una unión con la verdad". Significaba aconsejar y entrenar a otros en el uso de la fuerza de la verdad -la *satyagraha*- para despertar y formar un sentimiento común de injusticia, al tiempo que se respetaban, sin violencia, las consecuencias de las leyes civiles.

Satya (la verdad) implica *ahimsa* (indañabilidad-no violencia), y el grado de *ahimsa* que un hombre posee -en el pensamiento, la voluntad y el sentimiento, así como en la acción- es la medida de *Satya* que encarna. La profesión de la verdad no es la promulgación de la misma, pero sí requiere que con el tiempo demostremos la verdad hasta que encarnemos y nos convirtamos en la verdad, hasta que llevemos a cabo el mandato: "Conviértete en lo que eres". Gandhi dijo: "No somos más que un espejo del mundo... Si pudiéramos cambiar nosotros mismos, las tendencias del mundo también cambiarían". Cualquiera puede amar la búsqueda intrínseca de la verdad y vivir su vida como un experimento en grados crecientes de verdad y no violencia. La violencia (*himsa*) implica intrínsecamente la falsedad y las distorsiones - lo no verdadero (*Asat*). Cuanto más conscientemente no violento sea uno en sus motivos, pensamientos y acciones, más se podrán revisar y refinar los motivos y las acciones de uno en su corazón no violento, y más se podrá dedicar a ser un instrumento para el bien.

El artículo "Dibujando el Círculo Mayor" sugiere la línea de pensamiento que es necesaria en la corriente continua del ciclo de 1975: el hombre espiritual debe ser reconocido. En relación con este punto, H. P. Blavatsky observó que "La esencia de la Teosofía es la perfecta armonización de lo divino con lo humano en el hombre, el ajuste de sus cualidades divinas".

Shri Raghavan Iyer escribe sobre una posibilidad para el futuro: el reordenamiento radical de la conciencia que permite que la verdadera identidad del hombre, como ser espiritual, se realice a través de la práctica de la verdad y la no violencia. A medida que los principios de la tríada superior - *Atma-Buddhi-Manas* - se despierten, nos volveremos naturalmente más universales o noéticos en nuestros modos de pensar y actuar al servicio de la Humanidad. A medida que las circunstancias kármicas y el sufrimiento que éstas conllevan alejen a la humanidad del peligro continuo de la Tierra, los seres humanos desecharán de forma natural las creencias limitantes y egoístas y serán más conscientes de sus responsabilidades como ciudadanos del cosmos.

Sin embargo, una mayor conciencia de sí mismo conlleva una mayor responsabilidad moral en un mundo en el que la interdependencia es un hecho. Para asumir esa responsabilidad, los miembros de la humanidad tendrán que refinar continuamente la calidad y la tonalidad de sus pensamientos, ya que éstos influyen en su propio karma, afectan directamente a los de los demás e impactan continuamente toda la atmósfera social. Esto requerirá que pensemos en líneas universales, que iniciemos corrientes más fuertes que las generadas desde un punto de vista sectario o separativo en nuestra vida diaria. Podemos deliberar, generar y empezar a dibujar un círculo más amplio e inclusivo de pensamiento y acción altruista en aras del "bien" mayor – por la solidaridad humana basada en la armonía con todo lo que vive.

El artículo "El *trusteeship* gandhiano: el arte de la renuncia" apunta a nuestro estatus de prueba en la Tierra. En el espíritu del *trusteeship* gandhiano, uno no es dueño absoluto de nada, sino que mantenemos todos nuestros dones y talentos en custodia en nombre del bienestar de otras vidas sensibles. Dado que somos fundamentalmente interdependientes y estamos entrelazados como vida sintiente en el planeta, se deduce que no podemos separarnos del karma de los demás. Podemos trabajar con las dos alas de la sabiduría y la compasión para eliminar las cargas kármicas de los demás, a la vez que lo hacemos por nosotros mismos. El *trusteeship* gandhiano consiste en reducir metódicamente la multiplicación de los propios deseos, al sustraerlos de las propias necesidades a lo largo del tiempo. Este esfuerzo deliberado en nombre de la humanidad permite una mayor atención en nombre de todos, lo que produce el deseo de "vivir simplemente para que los demás puedan simplemente vivir". [1]

El camino ético de Gandhi implica la autotrascendencia, el refinamiento y la renovación de uno mismo a través de una mayor realización de lo universal, implica concentrar diariamente la conciencia en las ideas universales y esforzarse en la meditación y el autoestudio. Una mayor realización de lo universal implica la discriminación noética, implica el reto de la continuidad de la conciencia en una época de fragmentación y discontinuidad, por un lado, y de corrupción del lenguaje, por otro. Los artículos seminales "Mediación y autoestudio" y "El misterio del ego" afirman que la constancia en la meditación y la autocorrección son requisitos en el Ciclo de 1975. La meditación puede verse como un proceso de volverse hacia el interior y permanecer en la realidad trascendente (aunque sea de forma intermitente); implica entrenar a la mente inferior -siempre distraída y egoísta- para que permanezca en un enfoque mental concentrado e ininterrumpido con el fin de despertar

---

[1] Gandhi, M. K., citado en *Elegant Simplicity*, Kumar, Satish, New Society Publishers, Gabriola, Canadá, 2019, P. xiii.

la percepción y la realización de la naturaleza más verdadera de la realidad que experimentamos y de las elecciones conscientes que hacemos. Se trata de una profundización y expansión de nuestro espectro de conciencia. La meditación también nos ayuda a obtener una visión desapegada de los patrones fenomenales de cambio que nos rodean, al tiempo que nos permite tomar distancia crítica de la esclavitud o tiranía de lo inmediato en nuestras vidas y afirmar la responsabilidad de nuestras emanaciones mentales.

El último artículo, "Luz, amor y esperanza", señala la importancia de la comprensión o apreciación más elevada de estos conceptos para todo el espectro de la conciencia, desde la más purificada y abstracta hasta la más densamente enredada en la materia. Shri Iyer escribe: "Vacíe la mente de todos los objetos y sujetos, todos los contrastes y contornos, en un mundo de nombres, formas y colores, y podrá sumergirse en la absoluta Oscuridad Divina. Una vez en este reino de puro potencial, uno puede aprehender el noúmeno oculto de la materia, esa sustancia última o sustrato primordial que es la suma total de todos los posibles objetos de percepción de todos los seres posibles. Al mismo tiempo, uno puede aprehender al Espíritu como la totalidad de todas las posibles expresiones, manifestaciones y radiaciones de una energía o Luz divina central".

Estas enseñanzas pueden ser la base de la esperanza en cada ser humano de que hay una luz en la cueva de nuestro corazón que puede ser encendida y puede generar una verdadera universalidad en el amor y la compasión por aquellos que uno no ve pero que también provienen de la misma fuente o esencia última. Esto implica un equilibrio dinámico entre la contemplación de todos los seres que existen en la tierra y las relaciones con los que están cerca.

La verdadera esperanza se alimenta constantemente de la devoción a lo mejor que conocemos en nuestros corazones; es coherente con la gratitud a los Maestros espirituales de todas las épocas y con una receptividad mental a la existencia de Mahatmas vivos que siempre apuntan a lo que es universal, según la ley cíclica: el bien de todos.

Podemos no saber cuál es el bien mayor, pero podemos pensar en él. Con reverencia y humildad, un individuo puede ejemplificar la religión de la responsabilidad, la filosofía de la perfectibilidad y la ciencia de la espiritualidad, y convertirse en un centro de luz benévola que atraiga al círculo más amplio como un verdadero amigo de la Humanidad.

Maurice Bisheff
Santa Barbara, CA junio de 2021

Shri Raghavan N. Iyer

(Marzo 10, 1930 – junio 20, 1995)

Demarcó un círculo que me excluyó --
Hereje, rebelde, un objeto de desprecio.
Pero El Amor y yo fuimos aún más listos y ganamos:
¡Dibujamos un círculo que lo incluyó!

Edwin Markham

Los ensayos espiritualmente penetrantes de este volum se publicaron con el propósito expreso de arrojar la luz prístina de la Teosofía universal en el camino de la autorregeneración espiritual al servicio de la humanidad. La filosofía Teosófica se basa en la verdad eterna de que la sabiduría divina existe y, lo que es más importante, de que existen seres sabios que la encarnan dinámicamente en la historia del mundo; que los sabios y los videntes todavía bendicen el mundo y que supervisan continuamente la evolución espiritual, mental y física del hombre y de la naturaleza. La Sociedad secreta de Sabios que guía el progreso humano envía periódicamente a uno de los suyos para hacer sonar de nuevo la Filosofía Divina y ejemplificar la vida espiritual en toda su riqueza y misterio. Tal maestro espiritual iluminado articula verdades eternas, pero olvidadas, en formas ingeniosas, y adopta modalidades que inspiran la mente, liberan la percepción del alma, y cortan la espuma de la historia y el miasma de una época.

Shri Raghavan N. Iyer fue un hombre de inmensa magnanimidad y profundo genio espiritual e intelectual. Nacido en Madrás (India) en 1930, se matriculó en la Universidad de Bombay a la precoz edad de catorce años y se licenció en economía a los dieciocho. Dos años más tarde recibió la Medalla de Oro del Canciller, obtuvo un máster en Economía Avanzada y fue seleccionado como becario Rhodes de la India para la Universidad de Oxford. En Oxford, sobresalió en sus estudios académicos y participó ávidamente en la rica vida social, política y cultural de dicha institución. Durante sus años de estudiante de pregrado, se unió con entusiasmo a varios clubes y sociedades de la Universidad de Oxford. Al parecer, era tan querido y respetado que, con el tiempo, fue elegido presidente de varias organizaciones estudiantiles destacadas: la Asociación de Estudios Sociales de Oxford, la Sociedad Voltaire, y la Sociedad Plotino (que también fundó). Sus simpatías sociales más amplias y sus inquietudes para-políticas le sirvieron para unirse a la Asociación para la Paz de la Universidad de Oxford y a la Sociedad Majlis de Oxford (una sociedad de debate de los estudiantes de la Universidad, provenientes del sur de Asia, que se ocupaba de cuestiones políticas), y llegar a ser presidente de ellas. En 1954, se convirtió en presidente de la prestigiosa Oxford Union, quizá la principal sociedad de debate de su época. (Los debates solían ser espontáneos, ingeniosos y llenos de referencias apropiadas a figuras históricas reconocidas de la literatura, la política y la sociedad). Al final del año, obtuvo honores de primera clase en Filosofía, Política y Economía, y más tarde, se le concedieron los títulos de maestría y doctorado en Teoría Política.

Shri Raghavan fue un destacado docente de filosofía y política durante toda su vida pública. Asumió el manto de la docencia a los dieciocho años, cuando fue nombrado becario y profesor de economía en el Elphinstone College de la Universidad de Bombay. En 1956, fue nombrado profesor de Oxford, donde impartió clases de filosofía moral y política. Además de enseñar en Oxford, dio conferencias en toda Europa, América y África, como por ejemplo en la Universidad de Oslo en Noruega (1958), el Colegio de Europa en Bélgica (1962), el Seminario Erasmus en los Países Bajos (1962), la Universidad de Chicago en América (1963) y la Universidad de Ghana en Legon (1964). Sus profundas ideas, su brillante claridad intelectual, su dominio de diferentes lenguajes conceptuales y su contagioso entusiasmo inspiraron a miles de estudiantes en diferentes continentes y le granjearon el profundo respeto de sus contemporáneos.

Tras aceptar una cátedra en la Universidad de California (Santa Bárbara) en 1965, impartió clases y seminarios de filosofía política hasta su jubilación a los cincuenta y seis años. Sus clases introductorias y sus seminarios de posgrado eran legendarios por su profundidad filosófica, su apertura teórica y su riqueza visionaria. Los temas de sus clases eran innovadores y atraían a los curiosos, a los comprometidos, a los idealistas, a los realistas políticos y a los marginados culturales. Los cursos de licenciatura más inspiradores (y exigentes) tenían siempre el máximo número de alumnos y las clases solían terminar con ovaciones espontáneas de los estudiantes. Entre esas clases se encontraban: "Parapolítica y Ciudad del Hombre", "Pensamiento anarquista", "Platón y la polis", "La dialéctica de Platón a Marx", "Política y literatura", "Radicalismo americano" y "El sueño americano y la Ciudad del Hombre". Sus conferencias estaban llenas de ingenio y sabiduría, e infaliblemente inspiraban a los estudiantes a cultivar una confianza permanente en sí mismos como estudiantes así como a convertirse en contribuyentes viables de la emergente Ciudad del Hombre. Sus conferencias formales e innumerables reuniones informales afectaron a generaciones de estudiantes que más tarde contribuyeron a diversos campos de trabajo, culto y servicio humanitario.

Además de sus vastos y variados dones como docente, Shri Raghavan Iyer fue un devoto consultor y conferenciante de varias organizaciones mundiales comprometidas con alguna forma de mejora humana universal. Mientras era don de Oxford, se convirtió en miembro del Comité Ejecutivo de la Asociación Mundial de Federalistas Mundiales (La Haya) y también fue consultor y conferenciante del Centro Internacional de los Amigos (Kranj, Yugoslavia). Con el mismo espíritu de servicio, se convirtió en consultor de OXFAM y aceptó el puesto temporal de Director de Estudios de la Conferencia de la UNESCO sobre "Entendimiento mutuo entre Oriente y Occidente". También fue miembro del Club de Roma, del Club de la Reforma y de la Federación Mundial de Estudios sobre el Futuro. En años posteriores fue miembro del Grupo de Trabajo designado por el Presidente de Estados Unidos, Jimmy Carter, para elaborar el "Informe Global 2000 para el Presidente", un llamamiento a las iniciativas prometeicas para satisfacer las necesidades más apremiantes de una civilización global emergente.

A lo largo de su extraordinaria vida, Shri Raghavan escribió numerosos artículos en diversos campos del pensamiento, además de ser autor y editor de muchas obras que apuntan a una conciencia global emergente, repleta de múltiples retos y perspectivas conmovedoras. En 1965, editó *La cortina de vidrio entre Asia y Europa*. Esta recopilación de ensayos de historiadores de renombre internacional contenía un fascinante diálogo entre Shri Raghavan y el historiador más eminente del mundo en aquel momento, Arnold Toynbee. Ambos exploraron mutuamente la tesis de Shri Raghavan de que existe una oscura "cortina de vidrio" entre Asia y Europa que debe ser reconocida y tratada antes de que pueda haber un verdadero entendimiento intelectual y cultural entre Oriente y Occidente.

Sus libros más conocidos y destacados son *El pensamiento moral y político de Mahatma Gandhi* (1973) y *Parapolítica - Hacia la Ciudad del Hombre* (1977). Cada una de estas notables obras pioneras es accesible tanto para el pensador profundo como para el investigador serio, el erudito y el estudiante dedicado, el buscador sincero y el practicante comprometido. Más tarde, en 1983, editó una extraordinaria colección de lecturas de inspiración espiritual titulada *La Joya en el Loto* - caracterizada acertadamente por el profesor K. Swaminathan, un destacado recopilador de los escritos de Gandhi, como "una Biblia Universal". Además, Shri Raghavan editó y escribió iluminadas introducciones para numerosos textos sagrados, incluyendo enseñanzas hindúes, budistas, jainistas, judías, cristianas y sufíes.

Sin embargo, la corriente más profunda de la vida de Shri Raghavan fluyó de los manantiales empíreos de la Teosofía. Se hizo

Teósofo a los diez años, cuando su padre lo llevó por primera vez a la Logia Unida de Teósofos de Bombay. Con el tiempo, conoció los profundos escritos de H.P. Blavatsky y W.Q. Judge. No mucho después de entrar en la órbita del Movimiento Teosófico, tomó la sagrada resolución de servir a la Logia de Mahatmas y asumió cada vez más la responsabilidad de impulsar la Causa Teosófica mundial de promover la hermandad universal. Durante el resto de su vida, todos sus esfuerzos en el ámbito académico, social, político y religioso fueron infundidos por su devoción de todo corazón al servicio de la Hermandad de Bodhisattvas y a la iluminación de la raza humana. Este hilo dorado, más profundo y siempre presente, que entretejía todas sus actividades mundanas, se hizo más evidente cuando emigró a América.

En 1965, Shri Raghavan se trasladó con su esposa e hijo a Santa Bárbara, California. (Su esposa, Nandini, una brillante don de Oxford que recibió la matricula de Honor (First Class Honors) de Oxford en Filosofía, Política y Economía, pasó a enseñar en los departamentos de Filosofía y Estudios Religiosos de la Universidad de California en Santa Bárbara hasta su jubilación. Pico, su único hijo, nació en Oxford en 1957. Más tarde se graduó en la Universidad de Oxford y se convirtió en colaborador de la revista *Time*, y ahora es un autor de renombre internacional). Una vez establecidos en California, Shri Raghavan y Nandini fundaron la Logia Unida de Teósofos de Santa Bárbara. La Logia, que comenzó de manera informal en octubre de 1966, pasó de los catorce estudiantes iniciales a más de cien asociados activos. Poco después de su reunión inaugural, el 18 de febrero de 1969 (el aniversario de la muerte de Shri Krishna), los miembros de la Logia fueron invitados a dar charlas y, con el tiempo, a codirigir las clases de la Escuela de Teosofía para los jóvenes. Además de desarrollar varias modalidades de dar y recibir instrucción Teosófica, Shri Raghavan y Nandini fundaron varias instituciones auxiliares que sirvieron a los objetivos globales del Movimiento Teosófico mundial.

Una de estas instituciones auxiliares es el Instituto de Cultura Mundial en Santa Bárbara. El 4 de julio de 1976 - el bicentenario de la Declaración de Independencia de los Estados Unidos - Shri Raghavan y Nandini co-iniciaron esta organización educativa sin ánimo de lucro. Su "Declaración de Interdependencia" dilucida diez objetivos que son la base visionaria de todos sus programas y actividades intelectuales y culturales. El Instituto de Cultura Mundial aloja regularmente interesantes seminarios, foros, conferencias, círculos de estudio y ciclos de cine. Hay una mezcla saludable de temas espirituales, intelectuales, éticos y culturales para estimular el pensamiento enfocado y la discusión extensa. El Instituto ha demostrado ser una experiencia de "expansión de la conciencia" cultural para muchos y, a su manera, ha contribuido a una apreciación más profunda del poder, a menudo insospechado, de las culturas clásicas y renacentistas para proporcionar perspectivas iluminadoras sobre una serie de cuestiones nacionales y mundiales contemporáneas.

Como una extensión de su obligación sagrada de servir al Movimiento Teosófico, Shri Raghavan fundó, editó y escribió para la revista dorada *Hermes* (1975 - 1989). Esta amplia revista espiritual estaba dedicada al prístino sonido de *Brahma Vach* y a la regeneración espiritual de la humanidad. Los profundos artículos que se encuentran en *Hermes* abarcan el espectro del pensamiento humano, desde lo metafísico hasta lo místico, desde lo ético hasta lo psicológico, desde lo espiritual hasta lo material, desde lo mítico hasta lo histórico. Revelan convincentemente los sutiles fundamentos Teosóficos de todas las religiones, filosofías y ciencias. Abordan ingeniosamente los problemas críticos de la época y proporcionan los tan necesarios "correctivos para la conciencia" en una época que se aleja de los ideales salvadores y revitalizadores del alma.

Como presenciaron repetidamente los estudiantes más cercanos, Shri Raghavan habló en muchos niveles diferentes e interactuó libremente con todos y cada uno, independientemente de la raza, el credo o la condición. Ejemplificó -para el futuro- una multitud de modalidades y cualidades acuarianas. Era, en un sentido, muy hindú: un verdadero brahmán, espiritual, culto, brillante, lleno de las gracias que recuerdan inmediatamente a la antigua India y a épocas doradas del pasado. También era muy inglés: seguro de sí mismo, muy educado, extremadamente letrado y se sentía a gusto con estadistas, científicos, educadores y miembros de la realeza. También era muy americano: un verdadero e intrépido rebelde, innovador, ingenioso, visionario y el eterno amigo del hombre común. Pero, más allá de todo esto, era, en un sentido mucho más profundo, el Hombre Universal, original, *sui generis* y atemporal. Sus simpatías fueron siempre compasivamente inclusivas y su énfasis repetido -desde el principio hasta el final- fue "dibujar el círculo más grande" a través de la universalidad del pensamiento, la riqueza de la imaginación, la terapéutica de la palabra, y la magia de la acción desinteresada.

Las amplias enseñanzas arcanas de estos ensayos fueron transcripciones de charlas impartidas entre 1975 y 1989 en los Estados Unidos y fueron cuidadosamente editadas por Shri Raghavan poco antes de su muerte. Cuando se meditan y se aplican hábilmente al ámbito de los deberes elegidos por uno mismo, purifican la mente, limpian el corazón y dan a luz a hombres y mujeres comprometidos a contribuir creativamente a la civilización universal del mañana.

UNA DISCIPLINA TEOSÓFICA

La iniciación en la metafísica Teosófica es más que una iniciativa intelectual o moral; es un ejercicio espiritual continuo en el desarrollo de las más elevadas capacidades cognitivas e intuitivas que disponibles para los hombres - un proceso que incluye, desde el principio, una fusión del corazón y la cabeza a través de la interacción de *viveka* y *vairagya*, discernimiento y desapego. Nuestra aprehensión inicial de una declaración de la metafísica Teosófica implica un esfuerzo tanto ético como mental, así como la aplicación más pequeña de un mandato Teosófico a nuestra vida moral requiere un cierto grado de control mental y una conciencia más profunda, de naturaleza universal e impersonal, y eso viene de nuestras capacidades cognitivas más elevadas. El crecimiento moral, para un Teósofo, presupone "la adoración silenciosa de la Naturaleza abstracta o nouménica, la única manifestación divina", es decir, "la única religión ennoblecedora de la humanidad".

por Raghavan Iyer
Hermes, mayo de 1975

EVOLUCIÓN ESPIRITUAL

El universo es como un gran templo.

Claude de St. Martin

Los principios centrales de la *Theosophia* no se derivan de ninguna secta antigua o moderna, sino que representan la sabiduría acumulada de los siglos, la herencia no registrada de la humanidad. Su vasto esquema de evolución cósmica y humana proporciona a todos el alfabeto simbólico necesario para interpretar sus visiones recurrentes, así como el marco universal y el vocabulario metafísico, extraídos de muchos místicos y videntes, que les permiten comunicar sus propias percepciones intuitivas. Todos los escritos místicos auténticos se enriquecen con el sabor alquímico del pensamiento Teosófico. La Teosofía es un sistema integrado de verdades fundamentales enseñadas por Iniciados y Adeptos a lo largo de milenios. Es la *Philosophia Perennis*, la filosofía de la perfección humana, la ciencia de la espiritualidad y la religión de la responsabilidad. Es la fuente primitiva de innumerables sistemas religiosos, así como la esencia oculta y la sabiduría esotérica de cada uno. El hombre, una mónada inmortal, ha podido preservar esta herencia sagrada a través de los esfuerzos sacrificiales de individuos iluminados y compasivos, o Bodhisattvas, que constituyen una antigua Hermandad. Ayudan silenciosamente en la evolución ética y el desarrollo espiritual de toda la humanidad. La *Theosophia* es la Sabiduría Divina, transmitida y verificada durante eones por los sabios que pertenecen a esta Hermandad secreta.

La presuposición suprema del pensamiento teosófico es un principio de sustancia eterno postulado como el Fundamento inefable de todo ser. Se llama principio de sustancia porque se vuelve cada vez más sustancial y diferenciado en el plano de las manifestaciones, mientras que esencialmente sigue siendo un principio homogéneo en el espacio abstracto y la duración eterna. El universo percibido es un reflejo complejo de esta Fuente

Desconocida, cuyas concepciones finitas son necesariamente incompletas. Es la Negación Absoluta de todo lo que existe. Es *Seidad* o *Sat*, la Realidad Inigualable, la No-cosa (nada) de la filosofía antigua, el Lir Ilimitado, el Comienzo Desconocido de la cosmogonía celta. Comparado con Él, toda manifestación no es más que una ilusión inestable o *maya*, un medio caleidoscópico a través del cual la Realidad se muestra en una serie de reflexiones. El espíritu y la materia son las dos facetas de este principio indivisible, y solo parecen estar separadas durante un vasto período de manifestación cósmica. Se irradian desde esta fuente trascendente, pero no están causalmente relacionados con ella, ya que ni la calidad ni el modo pueden atribuirse adecuadamente a ella. Aparecen periódicamente en el plano objetivo como los polos opuestos de esta Realidad, pero no están inherentemente separados, sino que coexisten mutuamente como materia espiritual. En la manifestación, este sustrato se diferencia en siete planos de densidad creciente, llegando a la región de datos sensoriales. En todas partes, la esencia de la raíz de la sustancia homogénea es la misma, transformándose en minutos de lo más etéreo a lo más denso.

Los siete planos de manifestación pueden verse como condensaciones de materia enrarecida y también como corrientes vivas de inteligencias: rayos primordiales procedentes de un invisible Sol Espiritual. Todos los modos de actividad en el universo están guiados internamente por poderes y potencias agrupados en una serie casi infinita de jerarquías, cada una con su función exacta y un alcance de acción preciso. Se llaman *Dhyan Chohans* en la cosmogonía tibetana y tienen muchos otros títulos en la rica panoplia de tradiciones religiosas: Ángeles, *Devas*, Dioses, *Elohim*, etc. Todos estos son agentes transmisores de la Ley cósmica (*Rta*) que guían la evolución de cada átomo en cada plano en el espacio, las jerarquías varían enormemente en sus respectivos grados de conciencia creativa e inteligencia monádica. Como un colectivo, esta inmensa hueste de fuerzas forma el *Verbum* manifiesto de una Presencia no manifestada, constituyendo simultáneamente la Mente activa del cosmos y su Ley inmutable. La idea de una miríada de jerarquías de inteligencias que animan la Naturaleza visible es una clave vital para comprender todo verdadero misticismo. Muchos destellos de percepción intuitiva revelan multitudes de seres radiantes que elaboran la arquitectura interior de la materia. Los grandes místicos muestran un reconocimiento reverencial del *Logos* o *Verbum*, el Ejército de la Voz, que opera detrás de la pantalla de eventos en la superficie como la causa nouménica de los fenómenos naturales. Esto implica descifrar los signos de estas fuerzas inteligentes siguiendo los rastros de sus efectos. El mundo natural lleva las firmas de un mundo arquetípico divino. Con las claves adecuadas para el simbolismo arcaico, el verdadero buscador puede leer estas firmas y recuperar el conocimiento perdido que restauraría un estado primitivo de gnosis equivalente al de los dioses. Las letras que componen el idioma sánscrito son expresiones fenomenales de estas fuerzas más finas, y al comprenderlas se puede descubrir la vibración raíz, la Palabra inefable, que reverbera en todo el mundo sensible de la Naturaleza visible.

La enseñanza arcana sobre la Gran Cadena del Ser en el reino sobrenatural reaparece continuamente en la historia humana como la fuente inagotable de expresión estética, acción heroica e iluminación mística. La Vela de la Visión, el Mago de lo Bello, el Monte de la Transfiguración, la Poderosa Madre, son caras diferentes del *Logos* divino. Las diversas expresiones de creatividad en las artes, la religión y la filosofía provienen de esta fuente común invisible, y la búsqueda de su origen es la misión sagrada de muchos místicos y artistas. El problema de rastrear de lo particular a los universales es tan crucial para el arte como para la psicología. La clasificación séptuple de la constitución interna del hombre corresponde a siete planos cósmicos del ser. El hombre es verdaderamente un microcosmos y una copia en miniatura del macrocosmos. Al igual que el macrocosmos, el individuo es divino en esencia, una radiación directa del Sol Espiritual central. Como espíritu puro, todo ser humano necesita las vestiduras a través de las cuales se puede experimentar la vida en planos de existencia diferenciados, para que uno pueda ser plenamente consciente de la inmortalidad individual y de la identidad indisoluble de uno con el todo. Cada persona es un reflejo completo del universo, revelándose a sí mismo por medio de siete diferenciaciones. En lo más profundo de uno mismo, el individuo es *Atman*, el Espíritu universal que se refleja en el alma luminosa o *Buddhi*. La luz de *Buddhi* se enfoca a través de manas o intelecto impersonal, la fuente de la individualización humana. Juntos, *Atman, Buddhi* y *manas* constituyen el fuego imperecedero en el hombre, la Tríada inmortal que emprende una inmensa peregrinación a través de encarnaciones sucesivas para emerger como un agente autoconsciente de la voluntad divina, la Luz del *Logos, Brahma Vach*.

Debajo de esta Tríada está el volátil cuaternario de principios extraídos de los planos inferiores de la materia cósmica: *kama*, la fuerza de la pasión ciega y el deseo caótico compartido por el hombre con la vida animal; *prana*, la corriente vital que energiza los átomos que giran en el plano objetivo de la existencia; el cuerpo paradigmático astral (*linga sarira*), la forma original alrededor de la cual se forman las moléculas físicas, y de ahí el modelo para el marco físico (*sthula sarira*). Este cuaternario de principios es evanescente y cambiante, establecido para el uso del hombre en el momento de la encarnación y disuelto al morir en sus constituyentes primarios en sus planos correspondientes. El hombre real, la Tríada superior, se aleja del plano físico para esperar la próxima encarnación. La función de cada una de estas envolturas difiere de un individuo a otro según el nivel de desarrollo espiritual del alma encarnada. El cuerpo astral del Adepto es de un grado mucho más alto de resistencia y pureza que el del hombre promedio. En visionarios y místicos, las envolturas que intervienen entre el hombre espiritual y la mente-cerebro son lo suficientemente transparentes como para que puedan recibir comunicaciones de la Tríada de una manera relativamente lúcida. El hombre es un ser compuesto que experimenta simultáneamente dos mundos: el interno y el externo. La experiencia de vida actual de cada persona no es más que una porción diminuta de lo que fue testigo de la individualidad inmortal en encarnaciones anteriores. Por lo tanto, si los hombres y las mujeres buscan asiduamente dentro de sí mismos, pueden recuperar una vasta herencia de conocimiento que abarca eones. Estos recuerdos están encerrados en mansiones del alma que solo pueden penetrar un deseo ardiente y una disciplina fuerte.

La memoria es parte integral de la conciencia, y dado que toda la materia está viva y consciente, todos los seres, desde las células hasta las deidades, tienen algún tipo de memoria. En el hombre, la memoria generalmente se divide en cuatro categorías: memoria física, remembranza, recuerdo y reminiscencia. En la remembranza, una idea afecta a la mente del pasado por la libre asociación; en el recuerdo, la mente la busca deliberadamente. Sin embargo, la reminiscencia es de otro orden. Llamada "memoria del alma", vincula a cada ser humano con vidas anteriores y asegura a cada uno que él o ella volverá a vivir. En principio, cualquier hombre o mujer puede recuperar el conocimiento adquirido en encarnaciones anteriores y mantener la continuidad con el *sutratman*, alma hilo, el testigo eterno de cada encarnación. También hay tipos de memoria que son indistinguibles de la profecía, ya que cuanto más se avanza hacia planos de existencia homogéneos y enrarecidos, más colapsan el pasado, el presente y el futuro en una duración eterna, dentro de la perspectiva ilimitada en la cual un ciclo completo de manifestación puede ser reconocido. Tal fue el nivel de conocimiento alcanzado por los grandes profetas que registraron sus hallazgos en lo que se conoce como *Gupta Vidya* o Doctrina Secreta. Algunos místicos han penetrado profundamente en los reinos de la reminiscencia trayendo de vuelta los frutos del conocimiento en vidas anteriores. Aún mayor es la capacidad de entrar en épocas anteriores y más espirituales de la humanidad y hacer que esas visiones cobren vida para aquellos que habían perdido todo menos una intuición débil de un sentido más amplio de sí mismos.

La fuente y el destino de la vida interior del alma implican fundamentalmente todo el alcance de la evolución. Coetáneo con la manifestación de los siete mundos del plano cósmico es el resurgimiento de seres que asumen una vez más la peregrinación evolutiva después de un inmenso período de descanso. La emanación de materia y espíritu en el plano objetivo de la existencia no es más que la mitad del ciclo. Su regreso trae a todos los seres y formas al seno de la oscuridad absoluta. El período de manifestación que abarca billones de años se llama manvantara y el período de descanso correspondiente, llamado *pralaya*, tiene una duración igual. Son los días y las noches de Brahma, que los antiguos arios consideraron con meticulosa precisión. Todo el período del *manvantara* se rige por la ley de periodicidad, que regula las tasas de actividad en todos los planos del ser. Esto a veces se habla como el Gran Aliento que preserva el cosmos. La esencia de la vida es el movimiento, el crecimiento y la expansión de la conciencia en cada átomo. Cada átomo es en su núcleo una mónada, una expresión del ser más elevado (*Atman*), y su vestimenta es el alma espiritual (*Buddhi*). Antes de la aparición de la mónada en la familia humana, ella se somete a eones de experiencia en los reinos inferiores de la Naturaleza, desarrollándose por impulso natural (metempsicosis) hasta que la facultad de pensamiento latente de manas es despertada por los esfuerzos sacrificiales de los seres que se han elevado mucho más allá del estado humano de *manvantaras* del pasado. Encienden la chispa de la autoconciencia, convirtiendo a la mónada inconsciente en un verdadero hombre (*Manushya*), capaz de pensar, reflexionar y actuar deliberadamente. El alma se embarca en un largo ciclo de encarnaciones en forma humana para prepararse para entrar en planos de existencia aún mayores.

La marea evolutiva en la tierra está regulada por la mano infalible de la ley cíclica. El hombre pasa por una serie de Rondas y Razas, lo que le permite asimilar el conocimiento de cada plano de existencia, desde el más etéreo hasta el más material. La evolución planetaria del hombre describe una espiral que pasa del espíritu a la materia y vuelve al espíritu nuevamente con un dominio totalmente consciente del proceso. Cada Ronda es un período evolutivo importante que dura muchos millones de años. Cada Raza, a su vez, es testigo del ascenso y la caída de continentes, civilizaciones y naciones. Una Raza anterior a la nuestra, la lemuriana, vivió en una idílica Edad de Oro, una época regida por la religión natural, la fraternidad universal y la devoción espontánea a los maestros espirituales. Muchos de los mitos sobre una era de pureza infantil y confianza inmaculada en el florecimiento temprano de la humanidad conservan el sabor de este período. A medida que el hombre evolucionó con vestimentas más materiales, el *kama* o pasión contaminaron su poder de pensamiento e inflamaron sus tendencias irracionales. Los cuentos de pesadilla de los brujos atlantes son la pesada herencia de la humanidad contemporánea. La destrucción de la Atlántida marcó el comienzo de la raza aria de nuestra época. Los Sabios le la India que inauguraron este período se encuentran entre los portadores de la antorcha para la humanidad de nuestro tiempo. Los místicos intuitivos reconocen el papel sagrado de la antigua India como madre y conservadora de la herencia espiritual de la humanidad actual. Las escrituras indias clásicas resuenan con la voz auténtica del *Verbum*, sin corrupción por el tiempo y la ignorancia humana.

Perteneciente a la visión histórica es la doctrina de los *yugas*, el ciclo de cuatro épocas a través del cual pasa cada Raza: las edades de oro, plata, bronce y hierro. Los yugas indican un amplio barrido de actividad kármica en cualquier punto de la vida de un individuo o una colección de individuos. Es posible que el mundo entero no esté experimentando la misma edad simultáneamente ni que un individuo esté necesariamente en la misma época que su entorno social. Según los cálculos hindúes, *Kali Yuga* comenzó hace más de cinco mil años y tendrá una duración total de cuatrocientos treinta y dos mil años. Esta Edad Oscura se caracteriza por una confusión generalizada de roles, inversión de valores éticos y un enorme sufrimiento debido a la ceguera espiritual. A. E. celebró el mito de la Edad de Oro como elogiando la plenitud del potencial creativo del hombre. La doctrina de los *yugas* no es determinista. Simplemente sugiere los niveles relativos de conciencia que la mayoría de los seres humanos tienden a tener en común. Así, una vibración de la Edad de Oro se puede insertar en una Edad de Hierro para mejorar la situación colectiva de la humanidad. La Edad de Oro rodeó a los seres humanos como un estado primordial de conciencia divina, pero su propio orgullo e ignorancia impidieron su recuperación. En la maravilla de la infancia, en los mitos arcaicos, en las iluminaciones esporádicas de los grandes artistas y en las visiones místicas, uno puede discernir destellos brillantes de la Edad de Oro del eros universal, el legítimo estado original de la humanidad.

El progreso del hombre en armonía con la ley cíclica se ve facilitado por una comprensión madura del karma y el renacimiento. Estas doctrinas gemelas de responsabilidad y esperanza desentrañan muchos de los enigmas de la vida y la naturaleza. Muestran que la vida y el carácter de cada persona son el resultado de vidas y patrones de pensamiento anteriores, que cada uno es su propio juez y verdugo, y que todos surgen o caen estrictamente por sus propios méritos y delitos. Nada se deja al azar o al accidente en la vida, pero todo está bajo el gobierno de una ley universal de causalidad ética. El hombre es esencialmente un pensador, y todos los pensamientos inician causas que generan sufrimiento o dicha. La Tríada inmortal soporta los errores y las locuras del turbulento cuaternario hasta que pueda asumir su estatura legítima y actuar libremente en consonancia con el orden cósmico y la ley natural. Como el hombre proyecta constantemente una serie de pensamientos e imágenes, la responsabilidad individual es irrevocable. Cada persona es el centro de cualquier perturbación de la armonía universal y las ondas de los efectos deben volver a él. Así, la ley del karma o la justicia significa interdependencia moral y solidaridad humana. El karma no debe verse como un medio providencial de retribución divina, sino más bien como una corriente universal que toca a aquellos que soportan la carga de sus efectos. A esto se le ha llamado la ley de la gravitación espiritual. Todo el alcance de los asuntos del hombre (su entorno, amigos, familia, empleo y similares) están dictados por las necesidades del alma. El karma trabaja en nombre del alma para proporcionar esas oportunidades de conocimiento y experiencia que ayudarían a su progreso. Este concepto podría ampliarse para abarcar todas las conexiones con otros seres humanos, incluso del tipo más casual, viéndolos como ordenados kármicamente, no para el propio progreso, sino por el bien de aquellos que luchan con las terribles limitaciones de la ignorancia, la pobreza o la desesperación. Un relato profundamente conmovedor de este juicio se da en *The Hero in Man*, en el que, mientras caminaba entre los miserables marginados de Dublín, A. E. se regocijó en la convicción de que la benevolencia que sentía por cada alma ignorante forjaría un vínculo espiritual a través del cual podría ayudarles en el futuro. El karma significa una convocatoria al camino de la acción y el deber. Como uno no puede separar el propio karma del de sus semejantes, uno puede determinar dedicar su vida a la remisión de la carga kármica de los demás.

Al morir, el verdadero Ser o la Tríada inmortal desecha los cuerpos (físico y astral) y se libera de la esclavitud de las pasiones y los deseos. Su tropismo natural para gravitar hacia arriba le permite ingresar al plano de conciencia enrarecido donde sus pensamientos son llevados a la culminación, vestidos con un cuerpo más fino adecuado para esa existencia sublime. Este estado, *Devachan*, es un período de descanso y asimilación entre vidas y la base de la mitología popular del cielo. Por otro lado, el cuaternario inferior languidece después de la muerte en *Kamaloka*, el origen de los dogmas teológicos sobre el infierno y el purgatorio. Allí se disuelve gradualmente en sus elementos primarios a un ritmo determinado por la cohesión que les da la personalidad narcisista durante la vida en la tierra. Pasiones inflamadas y pensamientos venenosos sostenidos por largos períodos de tiempo dotan a esta entidad de una existencia vívida, vicaria y macabra. Este plano de conciencia, denominado "la luz astral" por Eliphas Levi, está íntimamente conectado con las vidas y los pensamientos de la mayoría de la humanidad. Es el vasto montón de escorias de la Naturaleza en el que se vierten todos los pensamientos egoístas y malvados y luego se recuperan para contaminar y contaminar la vida humana en la tierra. Este plano de pensamiento carnalizado tiende a perpetuar los horrores de la Edad del Hierro y condenar al hombre a un estado de oscuridad espiritual.

La diferencia crucial entre los individuos radica en si están esclavizados por la luz astral (la región de la *psique*) o si son capaces de elevarse por encima de ésta a una conciencia tranquila de la sabiduría y la compasión latentes en su naturaleza superior, el reino de los *nous*. Más allá de la región de la acción psíquica se encuentra la esfera prístina de la conciencia noética llamada *Akasha*, de la cual los individuos empíreos pueden derivar la inspiración necesaria para avanzar e inaugurar una Edad de Oro estableciendo los cimientos de una civilización regenerada. Los sabios, pasados y presentes, han logrado la ardua transformación de sus propias naturalezas, superando todos los vicios y limitaciones y perfeccionándose en la ideación noética y la acción sacrificial. *Mahatmas* o Hierofantes renuncian a todo por el bien de la humanidad sufriente. Los místicos solitarios en el antiguo camino del servicio los saludan como guías y preceptores y reconocen su presencia invisible detrás de sus modestas labores para la humanidad. Estos seres sabios son los nobles administradores de la *Philosophia Perennis* y los Maestros compasivos de la familia humana. La peregrinación mística de la humanidad es un reflejo auténtico de su Sabiduría eterna.

> *Por muchas generaciones, el adepto construyó un templo de rocas imperecederas, una gigante Torre de PENSAMIENTO INFINITO", en la que un Titan habitó y que habitaría solo si necesario, saliendo de ella al fin de cada ciclo para invitar a los elegidos de la humanidad a cooperar y ayudarle a iluminar al hombre supersticioso.*

Mahatma K. H.

por Raghavan Iyer
Hermes, agosto de 1979

LA VERDAD Y LA NO VIOLENCIA

La potencia ética del pensamiento gandhiano se basaba en la claridad moral y la simplicidad metafísica. Sin sucumbir a la ilusión de la infalibilidad o la ilusión de la indispensabilidad, Gandhi buscó lograr un equilibrio de intelecto e intuición, previniendo a sus seguidores contra la racionalización de la debilidad y el emocionalismo errático. Una y otra vez descubrió que la poderosa combinación de fe y experiencia, razón pura y aplicación diaria, era a la vez transformadora e infecciosa, y sintió que su propia vida reivindicaba su fuerza. Despreció todas las tendencias maniqueas como trampas, y profundizó su convicción de que Dios no tiene forma y está más allá de toda formulación. La integración individual y la auto trascendencia, pensó, se pueden lograr considerando y consolidando la estrecha conexión entre la verdad y la no violencia, *satya* y *ahimsa*. Su creencia incuestionable de que la base conceptual de su ética era fuerte y sólida, aunque refinaría sus ideas cada vez que su experiencia diaria lo obligara a hacerlo, le permitió encontrar flexibilidad en medio de la constancia.

Gandhi era un idealista práctico. Sin dejarse arrastrar por el peso muerto de las convenciones, tampoco le preocupaba la consistencia formal. Como *karma yogin*, no tenía ni el tiempo ni la aptitud para construir una filosofía sistemática. En cambio, discernió los patrones arquetípicos y las posibilidades eternas de crecimiento en las condiciones cambiantes de la interacción humana. "Los hombres son buenos", escribió, "pero son víctimas pobres que se hacen miserables bajo la falsa creencia de que están haciendo el bien".[1] Para superar la falsa base de pensamiento y acción, los seres humanos deben aprender a cuestionarse a sí mismos y a los demás, porque, dijo Gandhi, "todos estamos obligados a hacer lo que sentimos que es correcto". Al traducir sus suposiciones metafísicas en principios éticos, Gandhi siempre señaló los impulsos básicos que subyacen a toda acción. Sosteniendo que existe una naturaleza humana universal que refleja lo Divino y que se puede caracterizar mejor como potencial puro, descubrió que era natural usar su propia vida como un crisol para poner a prueba sus principios y preceptos. Sintió que la carga extrema de expectativa que las masas le imponían expresaba el anhelo de hombres y mujeres por una libertad y autosuficiencia que podían sentir pero que rara vez experimentaban. Consciente de sus propias limitaciones, a su vez sacó fuerzas de la bondad latente de los campesinos no instruidos que buscaba ayudar.

Gandhi sostuvo que la sumisión inteligente a las leyes de la interdependencia cósmica y la armonía natural daría como resultado el cumplimiento duradero del verdadero ser de cada uno. "¿Tiene un océano una individualidad propia aparte de la del océano? Entonces un alma liberada tiene una individualidad propia". Para Gandhi, esta vieja metáfora canosa consagró la clave del problema metafísico del individuo y del todo, y de lo que Platón formuló como el problema del Uno y los muchos: "Creo que la aniquilación completa de la propia individualidad, sensualidad, personalidad - como sea que la llames, es una condición absoluta de perfecta alegría y paz."[2] Sin importar su origen bestial, el hombre es humano porque es potencial y esencialmente divino. Cualquier patrón de pensamiento, dirección de energía o línea de acción hostil a esa unidad primordial conduce eventualmente a la frustración y la miseria; esos actos en sintonía iniciarán un resultado feliz, aunque a veces no anticipado. Así, el individuo que sería verdaderamente humano debe reducirse a cero a los ojos del mundo. Entonces puede reflejar la infinitud en su corazón y en su vida.

Gandhi sintió que cualquier concepción factible de la naturaleza humana debe tener en cuenta las alturas y las profundidades del logro y el anhelo humano. El *satya* y el *ahimsa*, la verdad y la no violencia, fueron los dos principios últimos y universales que utilizó para aclarar el caos de las impresiones sensoriales y los deseos en conflicto. Los seres humanos son, en el fondo, susceptibles a la persuasión moral. Cualquier atractivo moral convincente debe, por lo tanto, estar dirigido al alma humana, no al conjunto de hábitos y rasgos que conforman la personalidad separativa. Una conciencia constante de la primacía y la supremacía de la Verdad (*sat*) lo libera de la innecesaria sobreafirmación o apropiación violenta de cualquier verdad parcial o particular. "Mi *anekantavada* [creencia en la multiplicidad de la realidad] es el resultado de la doctrina gemela del *satya* y del *ahimsa*".[3]

Gandhi criticó mucho la civilización moderna porque debilita la dignidad humana e impide el crecimiento moral. Establece una estructura social basada en la ley de la jungla, una carrera de ratas tensa y competitiva que se alivia solo por espasmos de furtiva autocomplacencia. Si la gota salada no puede existir sin el océano, el océano en sí no tiene existencia independiente de sus innumerables gotas. Utilizando otra metáfora, Gandhi escribió que "todos somos chispas de lo divino y, por lo tanto, participamos de su naturaleza, y dado que no puede existir la autocomplacencia con lo divino, necesariamente debe ser ajeno a la naturaleza humana".[4] El proceso de encender la chispa debe, por lo tanto, comenzar dentro de la conciencia individual, luego extenderse entre las masas, antes de finalmente transformar todo el orden social. Para efectuar tal cambio, las preguntas que los perezosos mentales y moralmente cobardes dejan de lado como irrelevantes deben ser sinceramente confrontadas. Las nociones invertidas deben corregirse. Y las cuestiones fundamentales (el alcance de la autoconciencia, el propósito de la vida, el papel del individuo) deben considerarse y reconsiderarse.

Para Gandhi, una verdad central se convierte en el punto de partida para todas estas investigaciones. "El propósito de la vida es indudablemente conocerse a uno mismo. No podemos hacerlo a menos que aprendamos a identificarnos con todas esas vidas. La suma total de esa vida es Dios".[5] Aunque la perfección individual puede ser distante, la perfección humana es omnipresente. "Decir que la perfección no es alcanzable en esta tierra es negarle a Dios... La vida para mí perdería todo su interés si sintiera que no podría alcanzar el amor perfecto en la tierra".[6] La posibilidad permanente de perfección se puede traducir en una continua expansión de amor y verdad como encarnado en el servicio desinteresado. No obstante, la brecha entre el ideal evasivo y una realidad existente inevitablemente distorsionará la comprensión de la perfección individual. Cada individuo debe repensar y renovar constantemente su sentido de la relación entre ideal y realidad. Debe contemplar estos asuntos con una fe que está más allá del conocimiento, pero que no es incompatible con la razón. "La fe no es algo que hay que comprender, es un estado para crecer",[7] y "el hecho es que la perfección se logra a través del servicio".[8] La fe firme provoca un servicio desinteresado, ya que el servicio desinteresado preserva la fe firme. Tal es el camino tradicional hacia la perfección individual y la iluminación universal.

La fe no es culpable en si misma si algunos de los que profesan fe religiosa demuestran ser corruptos. En los hombres de gran intelecto, la agilidad mental a veces puede oscurecer las intuiciones del corazón. Solamente cuando el intelecto está en armonía con el corazón, la intuición puede ser rescatada de la tiranía del egoísmo y alistada al servicio de la humanidad. Pero el proceso de purificación es realmente arduo. Porque incluso si se trasciende el egocentrismo y la hostilidad, pueden persistir temores y dudas irracionales, tensiones y presiones.

La cultura moral del hombre debe comenzar, entonces, no con una mejora externa de la moral, sino con una transformación básica de la mente, un entrenamiento sistemático de la voluntad. Solo las *tapas* sostenidas, el sufrimiento personal, purifican de forma permanente. El sufrimiento prolongado es terapéutico solo cuando se realiza por el bien de todos y por la Verdad. "El progreso debe medirse por la cantidad de sufrimiento experimentado por el que sufre".[9] Sufrir por la verdad facilita el autoconocimiento. Además, puede sanar sutilmente al individuo y a quienes lo rodean. Si bien Gandhi no vio ninguna razón para asumir un proceso histórico lineal de ascenso colectivo, su visión de las *tapas* como un presagio de *moksha* o emancipación, y su convicción de que el espíritu humano es uno con lo divino, fortaleció su optimismo. "Solo un ateo puede ser pessimista".[10] Por optimismo, quiso decir que no todo aumentará invariablemente la felicidad de cada persona, sino que todos los esfuerzos morales finalmente encontrarán su fruto.

Dado que las personas pueden intuir los principios éticos cuando se levanta el velo del olvido y del miedo, y dado que la aplicación paciente de los principios se fortalece con la autocorrección, nadie necesita que se le enseñe lo que es correcto. Tampoco es necesario mostrar a nadie la práctica del autoexamen. En cambio, todos deben ser alentados a ejemplificar lo que él o ella sabe que es correcto. La verdadera religión se identifica por el vigor moral y el ejemplo contagioso, no por el sofisma teológico o la habilidad exhortatoria. Gandhi rompió constantemente el hechizo hipnótico lanzado por las creencias santurronas en colusión con las prácticas hipócritas. Sabía que el mero moralismo no puede redimir una estructura social materialista alejada de los ritmos de la Naturaleza o un marco económico que fomenta la codicia y la explotación. "¿No es lo más trágico", se lamentó Gandhi, "que las cosas del espíritu, las verdades eternas, sean consideradas utópicas por nuestra juventud, y que solo las improvisaciones transitorias les parezcan prácticas?"[11] La penetrante claridad de *La religión ética* (*Ethical Religion*), de William M. Salter, habló al corazón de Gandhi, al punto que parafraseó ocho de sus capítulos en gujarati. Apoyó firmemente la convicción razonada de Salter de que una idea ética es inútil a menos que se ponga en práctica, a pesar de que la acción correcta no siempre se puede reconocer o pagar. La fidelidad a la conciencia, sin embargo, no necesita aprobación pública. Ella es su propia recompensa.

Por más fuerte que sea el impulso moral en hombres y mujeres, vivir en el mundo parece exigir compromisos intolerables pero ineludibles. En respuesta, Gandhi aconsejó a todos los reformadores sociales que asuman sus responsabilidades voluntariamente, acepten las limitaciones que implican y confíen en la Verdad, que es Dios. "Como el mar no hace distinción entre los ríos buenos y los malos, sino que lo purifica todo, una persona, cuyo corazón está purificado y ampliado con la no violencia y la verdad, puede contener todo en ese corazón y no se desbordará ni perderá su serenidad".[12] El descontento divino y un anhelo natural de *moksha* o emancipación no deben distorsionarse en salvacionismo egoísta o escapismo astuto. La liberación de los lazos de la existencia condicionada no admite un atajo o una ruta de escape, pero viene de la perseverancia asidua en el *dharma*, el camino del deber. Para Gandhi, el *dharma* no tiene más que ver con el ritual o la convención que la verdadera religión con la iglesia o la adoración en el templo. El *dharma* es nada menos que una preocupación progresiva por el *lokasangraha*, el bienestar del mundo. Así como la autorrealización depende de la conquista personal, ambos deben ser apreciados en términos de su contribución al bien común. El *dharma* debe ser descubierto sin cesar. Sus avenidas son autoseleccionadas.

Gandhi hizo una distinción firme entre los valores finales, que deben ser impermeables a las concesiones o compromisos, y las aplicaciones concretas, que se derivan de los esfuerzos pacientes para discernir el significado y la verdad dentro del flujo de eventos. "Puede tener fe en los principios que establezco", escribió, "pero las conclusiones que extraigo de ciertos hechos no pueden ser una cuestión de fe".[13] Ese ideal evasivo es interpretado de manera diferente por cada individuo. Pero siempre es cierto que el *dharma* radica en luchar por el ideal sin permitir que su lejanía lo tiente a uno a reducirlo o torcerlo - y no en asegurar la uniformidad de la concepción. En todas las circunstancias, "el esfuerzo debe ser consciente, deliberado y duro."[14] La autodisciplina no es una cuestión de técnica - debe convertirse en una forma de vida. Además, la tentación de comprometerse se fortalece a medida que se vuelve más sutil. "El ideal del hombre crece día a día y es por eso que siempre se aleja de él".[15] Dado que el verdadero conocimiento y la acción libre consisten en la conformidad con un orden anterior a la acción humana, Gandhi sintió que la estatura moral del hombre dependía de una disposición constante en mantener ciertos valores como sagrados y absolutos. Al principio, uno debe renunciar a todo lo que lo distraiga del orden ético universalmente válido. Uno debe liberarse de la pasión y los prejuicios, de cualquier cosa que lleve el sello de la personalidad condicionada y el entorno circunscrito. Para pensar y vivir universalmente, el colmo de la verdadera individualización, se necesita una disciplina purificadora. Dicha disciplina, en cualquier nivel, puede llevarse a cabo mejor con la ayuda de un juramento vinculante.

Tal voto no es simplemente una promesa a uno mismo de hacer lo mejor que se pueda, ya que cualquier condicionalidad revela una falta de confianza en sí mismo, así como una concepción superficial del potencial humano. "Si decidimos hacer algo y estamos dispuestos a sacrificar nuestras vidas en el proceso", escribió Gandhi, "se dice que hemos hecho un voto".[16] La suposición de votos incondicionales reconoce fallas, pero proporciona criterios e incentivos para el crecimiento. Gandhi pensó que es mucho mejor fracasar y aprender que vivir con una ambigüedad moral tal que el crecimiento se vuelve imposible. "Una vida sin votos es como un barco sin ancla o como un edificio construido sobre arena antideslizante en lugar de una roca sólida".[17] Con la ayuda de los votos, las *tapas* se vuelven más catalizadoras que el mero sufrimiento. Se transforma en autocontrol creativo y sacrificio terapéutico; purifica la conciencia y aclara la visión. Los votos pueden ayudar a inducir el autoconocimiento y mejorar la auto trascendencia. Pueden estimularlo a uno a refinar el *dharma*, cumplir con los propios deberes con destreza y puntualidad, y mantenerse fiel a un programa de auto reforma progresiva.

Para Gandhi, el término inglés "*vow*" (voto) llevaba consigo todos los significados de los términos sánscritos originales *vrata* (una resolución solemne o una decisión espiritual) y *yama* (un ejercicio espiritual o una restricción autoimpuesta). En su significado más antiguo, *vrata* se refiere a una voluntad o comando divino, que establece y preserva el orden del universo. Dado que esta naturaleza divina es inseparable de la naturaleza humana esencial, los individuos pueden, a través de sus votos, reflejar el orden cósmico mediante la realización deliberada y vigilante del *dharma*. Gandhi no estableció límites en el grado de desarrollo moral y resolución espiritual de los cuales cualquier persona es capaz. Hacer votos más allá de la capacidad de uno traiciona la falta de consideración y la falta de equilibrio. El valor esencial de un voto radica en una determinación tranquila de mantenerlo independientemente de todas las dificultades. Al mantener el voto intacto dentro del corazón de uno, las energías del alma pueden liberarse, transformando la propia naturaleza.

La conciencia sigue siendo una fuerza potencial en todo ser humano, pero en muchos permanece medio dormida. "La conciencia tiene que ser despertada"[18] a través del poder de un voto. Las emociones estimuladas por las presiones sociales y ambientales inconscientes no pueden considerarse como conciencia. De hecho, no se puede decir que una persona que no ha buscado conscientemente fortalecer y agudizar la conciencia posee una. "Los jóvenes, por regla general, no deben pretender tener conciencia. Es una cualidad o un estado adquirido por un entrenamiento laborioso. La alegría no es conciencia... La conciencia puede residir solo en un seno delicadamente afinado".[19] La conciencia es, además, la única fuerza más fuerte contra la degradación de la dignidad humana. Una vez que el hombre es despojado de conciencia y reducido a un agregado mecánico de actos superficiales, se convierte en un objeto en lugar de un sujeto, un instrumento pasivo en lugar de un fin intrínseco. Al lanzar el cultivo de la conciencia en términos de votos, Gandhi buscó socializar la conciencia individual en lugar de internalizar la conciencia social. A la vez convincente y sin requerir de validación externa, la conciencia despierta es una voz interior, la voz de Dios o la Verdad. La veracidad de una voz tan interior solo puede confirmarse mediante la experiencia directa resultante del entrenamiento en *tapas*. Sin embargo, se puede ver evidencia indirecta en la consistencia interna y la integridad transparente de un Sócrates o Gandhi. Una conciencia bien alimentada resulta en heroísmo, humildad y alta santidad. Tales virtudes son el fruto maduro de *tapascharya*, una vida consagrada de compromiso austero, pero no ansioso.

El heroísmo es una cualidad del corazón, libre de todo rastro de miedo e ira, determinado a exigir una expiación instantánea por cada violación de honor. Más que cualquier moralidad gobernada por reglas, el heroísmo puede permitir a una persona estar sola en tiempos de prueba y aislamiento. También puede establecer una profunda concordia entre hombres y mujeres de ideas afines leales a su conciencia. Pero para Gandhi, el mayor obstáculo para la encarnación del ideal heroico en la sociedad es, paradójicamente, la ausencia de humildad. Cuando los seres humanos no reconocen adecuadamente su falibilidad, no harán un esfuerzo suficiente para despertar la conciencia individual. Fundando en un sentido engañoso de seguridad, están atrapados en un estado "mobocrático" (con la mente de la multitud) de impotencia colectiva. Solo después de que el corazón sea tocado por la enormidad de la verdad divina, la distancia entre el ideal y la realidad se hará dolorosamente evidente. Y solo entonces fluirá la genuina humildad. Mientras que el heroísmo es una habilidad cultivada en acción (*karma yoga*), la humildad es la virtud de la falta de esfuerzo (*buddhi yoga*).

La humildad no puede ser una observancia en sí misma. Porque no se presta a ser practicado deliberadamente. Sin embargo, es una prueba indispensable de *ahimsa*. En alguien que tiene el *ahimsa* en sí, se convierte en parte de su propia naturaleza... La verdad se puede cultivar tanto como el amor. Pero cultivar la humildad equivale a cultivar la hipocresía.[20]

La concepción de Gandhi de la naturaleza humana, la solidaridad social y la promesa histórica lo obligaron a repensar constantemente sus principios fundamentales. A lo largo de su vida, estuvo convencido de que Dios es la Verdad. Pero si el *sat* o la Verdad es la esencia de la Deidad, toda verdad relativa es un reflejo de Dios desde un ángulo particular. Dado que cada punto de vista o perspectiva contiene algún núcleo de verdad, Dios está en todas partes. En 1929 Gandhi alteró sutilmente el énfasis al declarar que no es que "Dios es la Verdad", sino que "la Verdad es Dios". Esta simple yuxtaposición de equivalencias cambió radicalmente las preguntas que Gandhi sintió que tenía que hacer y responder. Siempre se puede preguntar si cierta proposición es cierta, pero no es necesario esforzarse para demostrar la realidad y la omnipresencia de la Verdad. Que uno pueda hacer la pregunta, o incluso respirar, es prueba suficiente. Además, la formulación de Gandhi frena la picazón para antropomorfizar. También aclara la estrecha relación entre la verdad y el amor. Si la verdad se corrompe, deja de ser verdad, a pesar de que el amor corrupto todavía puede ser amor. Cuando se obtiene la seguridad de la verdad, se purga el amor de las ilusiones consoladoras. En prioridad metafísica, uno debe decir "La Verdad es Dios", luego agregar "Dios es Amor" y, sin embargo, "el enfoque más cercano a la Verdad es a través del amor"[21] Al igual que Platón, Gandhi aquí distinguió entre cómo se sabe y cómo se aprende. Quince años después escribió: "No creo en una deidad personal, pero sí creo en la Ley Eterna de la Verdad y el Amor que he traducido como no violencia. Esta Ley no es una cosa muerta como la ley de un rey. Es algo vivo: la Ley y el Legislador son uno".[22]

Gandhi no vio sentido en la afirmación de que uno debe conocer todas las verdades para adherirse a la Verdad. Simplemente se necesita seguir la verdad que se conoce, por pequeña o parcial que sea. El individuo que sería fiel a lo que sabe y que aspira a una mayor sabiduría trabajará para reducirse a una cifra en su búsqueda. Para Gandhi, no puede haber belleza ni arte aparte de la verdad. Cuando uno encuentra la verdad hermosa, descubre el verdadero arte. Cuando uno ama la Verdad, expresa un amor verdadero e incondicional. El que busca la verdad solo debe ser honesto consigo mismo y sincero con los demás. Donde no puede decir la verdad sin hacer mucho daño, puede permanecer en silencio, pero Gandhi, como Kant, insistió en que nunca se debe mentir. El que busca la verdad no puede estar tan preocupado por su propia seguridad o comodidad que abdica de sus deberes más grandes. "Él solo es un amante de la verdad que la sigue en todas las condiciones de la vida".[23] Las virtudes enfatizadas por la mayoría de las tradiciones religiosas y filosóficas no pueden ser descartadas por el verdadero buscador de la verdad como ajeno o más allá de su interés. Más bien, debe sintetizar estas virtudes en el *ahimsa* o la no violencia, la imagen en movimiento y la prueba decisiva de la verdad. Si toda la existencia es un espejo de lo divino, la violencia en cualquier forma es un repudio blasfemo de la Deidad misma. Si todas las almas son chispas de lo divino, enraizadas en la Verdad trascendental, toda violencia es una especie de deicidio.

Así como la humildad es el acompañamiento natural del verdadero heroísmo, el *ahimsa* es el correlato necesario de la intrepidez. En la visión de Gandhi, el mantenimiento de la estatura moral y la dignidad espiritual debe basarse en la práctica del *ahimsa*. Él concibió el *ahimsa* como una parte integral de *yajna* o sacrificio, un concepto arraigado en la concepción india de un orden cósmico benéfico y una disciplina humana que requiere auto purificación y autoexamen. Gandhi sostuvo que la fuerza moral generada por el *ahimsa* o la no violencia era infinitamente mayor que cualquier fuerza fundada en el egoísmo. El poder esencial de la no violencia fue visto alternativamente por Gandhi como "fuerza del alma" y "fuerza de la verdad". Los dos términos son fundamentalmente equivalentes y difieren solamente en su énfasis psicológico u ontológico. Para Gandhi, el *ahimsa* no representaba una negación del poder, sino una renuncia a todas las formas de coerción y compulsión. De hecho, sostenía que el *ahimsa* tenía una fuerza que ningún poder terrenal podía seguir resistiendo. Aunque Gandhi se destacó por su defensa del *ahimsa* en los ámbitos sociales y políticos, su uso más fundamental e íntimo radica en la persuasión moral de las almas libres.

Así como Gandhi a veces infló la palabra *ahimsa* para abarcar todas las virtudes, igualmente amplió la noción del *himsa* o violencia para incluir todas las formas de engaño e injusticia. El *himsa* procede del miedo, que es la sombra del egoísmo ignorante. Su expulsión del corazón requiere un acto de fe que trasciende el alcance del análisis. Sin embargo, Gandhi sostuvo que así como el intelecto juega un papel importante en el uso mundano de la violencia, también juega un papel aún mayor en el campo de la no violencia. La mente, guiada por el corazón, debe purgar todos los elementos del egoísmo antes de poder encarnar el *ahimsa*. Gandhi postuló que la disposición a matar existe en los seres humanos en proporción inversa a su disposición a morir. Esto debe entenderse en términos de *tanha*, la voluntad de vivir, que está presente hasta cierto punto en cada ser humano y refuerza el concepto del ego separativo. Como ese ego es de naturaleza ilusoria y transitoria, tiene una tendencia necesaria a temer por su propio futuro, y con eso una propensión inevitable a la violencia. Gandhi sostuvo que el *ahimsa* podía ser enseñado e inculcado solo con el ejemplo, y nunca por la fuerza. La coerción, de hecho, contradiría el *ahimsa*. Las raíces de la violencia y el *himsa* se encuentran en la mente y el corazón, y por lo tanto, la mera restricción externa o la abstención de la violencia no pueden considerarse verdaderas *ahimsas*. Gandhi eligió el término *ahimsa* porque *himsa* o violencia nunca es totalmente evitable; la palabra *ahimsa* enfatiza lo que debe ser superado. Si bien reconoce que se puede encontrar algo de violencia en cada ser, Gandhi nunca podría admitir que tal violencia fuera irreparable o irreducible. Sostuvo que aquellos que comienzan por justificar la fuerza se vuelven adictos a ella, mientras que aquellos que buscan la reducción práctica de *himsa* en sus vidas deberían dedicarse a la auto purificación constante.

El *ahimsa*, en el sentido más amplio, significa la voluntad de tratar a todos los seres como uno mismo. Así, el *ahimsa* es la base de *anasakti*, acción desinteresada. Es equivalente a la realización de la Verdad absoluta, y es la meta hacia la cual todos los seres humanos verdaderos se mueven naturalmente, aunque inconscientemente. El *ahimsa* no puede realizarse solo; tiene significado solamente en el contexto de la interacción humana universal y la elevación. Como la verdad, el *ahimsa*, cuando es genuino, conlleva convicción en todas las esferas. Sin embargo, a diferencia de muchas formas de amor, el *ahimsa* está encarnado por un buscador de la verdad, no por anhelo o falta, sino por un sentido de obligación universal. Es solo cuando uno hace el voto de *ahimsa* que tiene la capacidad de evaluar fallas aparentes en términos de las propias deficiencias morales. *Ahimsa* significa, como mínimo, una negativa a hacer daño. "En su forma positiva, *ahimsa* significa el mayor amor, la mayor caridad."[24] La negativa de Gandhi a establecer diferentes estándares para los santos y los hombres comunes, combinada con su preocupación por darle a *ahimsa* una función social práctica en lugar de un uso puramente místico, lo llevó a para extender y emplear la palabra en formas novedosas. La fuerza política que puede invocar el *ahimsa* es mayor y más profunda que el impacto de la violencia precisamente porque el *ahimsa* es consustancial con el alma inmortal.

Cualquier programa de reforma social o política, incluida la desobediencia civil, debe, por lo tanto, comenzar con el individuo heroico, ya que solo cuando tales pioneros irradien el brillo del *ahimsa* se elevará a toda la humanidad.

Cualquiera puede practicar la no violencia en ausencia de apoyo e incluso ante la hostilidad. De hecho, el *ahimsa* en medio de la adversidad se convierte en el medio soberano de auto purificación y en el camino más verdadero hacia el autoconocimiento. El *ahimsa* es la fuerza anti entrópica en la naturaleza y la ley inviable de la especie humana. Así como el compromiso incondicional con la Verdad puede conducir a una verdad limitada en la acción, también el credo universal del *ahimsa* puede generar una política apropiada de no violencia. Como política, la no violencia es un modo de acción política y social constructiva, así como la búsqueda de la verdad es el aspecto activo de la Verdad. La verdad y la no violencia son los aspectos integrados de la fuerza inmutable del alma. "La no violencia y la verdad juntas forman, por así decirlo, el ángulo correcto de todas las religiones".[25]

Sin embargo, uno debe estar seguro de no creer convenientemente en el *ahimsa* como política, al tiempo que duda del credo.[26] Si alguna política específica es demostrablemente efectiva o no, es imperativo mantenerse fiel al credo. Gandhi distinguió, además, entre política y meras tácticas. Algunas tácticas exitosas a veces pueden ser inapropiadas, pero la política en sí sigue siendo adecuada. Gandhi se maravilló de aquellos que, reconociendo que su programa de no violencia funcionaba en el caso de los británicos, insistieron en que inevitablemente fracasaría contra Hitler o Mussolini. Tal punto de vista romantizó la benevolencia de los británicos y negó por completo que los tiranos sean parte de la especie humana. La propia experiencia de Gandhi le había demostrado que los británicos podían ser completamente despiadados o tortuosos, a pesar de que su firme fe le impedía excluir a nadie de la posibilidad de crecimiento, cambio de opinión y reconocimiento de la necesidad. Se requeriría algo más razonable que el racismo sutil para desafiar la relevancia universal del *ahimsa*.

No obstante, es en la aplicación del *ahimsa* a los problemas de la guerra y la paz, que las enseñanzas de Gandhi pueden considerarse intransigentes. La no violencia no significa la falta de voluntad para luchar contra un enemigo. Pero, argumentó, el enemigo siempre es la ignorancia y el mal que hacen los hombres: no está en los seres humanos mismos. Aunque detestaba la guerra y la violencia en todas sus formas, Gandhi no podía ser clasificado como un pacifista ortodoxo. De hecho, sostuvo que el coraje y el heroísmo que a menudo mostraban las personas golpeadas por la guerra se reflejaba bien en su carácter moral, incluso si la guerra en sí era una mancha moral oscura para aquellos que la alentaron o permitieron que sucediera. Por sí mismo, rechazó la participación indirecta en la guerra y se negó a dejar que otros pelearan por él. "Si solo tuviera que elegir entre pagar al ejército de soldados para matar a mis vecinos o ser un soldado yo mismo, como debería, de acuerdo con mi credo, me alistaría como soldado con la esperanza de controlar las fuerzas de la violencia e incluso de convertir a mis compañeros".[27]

El entrenamiento para la gente desmoralizada y brutalizada por la guerra, creía Gandhi, y sus secuelas llevaron a las naciones a niveles abismales de disolución y descontento. Por lo tanto, se esforzó por mostrar cómo la no violencia era el arma más limpia contra el terrorismo y la tortura. Afirmó que el hombre que mantiene un alto sentido de dignidad y hermandad, incluso hasta el punto de la muerte, confunde la agresión e incluso puede avergonzar a sus atacantes. Si bien insistió en que la no violencia era el único medio para poner fin a los ciclos viciosos familiares de venganza, reconoció que esto requería un momento experto. Un mal momento podría llevar a través de la insensatez a una forma de suicidio o martirio, y Gandhi sostuvo que había una verdad mayor en vivir para la no violencia que morir inadvertidamente en su nombre. Al presenciar el curso de la guerra desde la Guerra Boer hasta la Segunda Guerra Mundial, solo fortaleció su convicción con respecto al credo básico de la no violencia. De hecho, cuando se enteró del bombardeo de Hiroshima, declaró que: "el bombardeo significará cierto suicidio para la humanidad, a menos que ahora el mundo adopte la no violencia".[28] En un estado no violento, finalmente debería ser posible criar a un ejército no violento, que podría resistir la invasión armada sin recurrir a las armas. Por muy distante que fuera esa perspectiva, Gandhi se negó a renunciar a ella, porque sabía que los triunfos violentos no garantizan nada más que la brutalización de los seres humanos y la perpetuación de más violencia.

El individuo que se esforzaría por ser completamente humano, para encarnar el *satya* y el *ahimsa* en la mayor medida posible, no debe confiar en que otros demuestren un coraje moral que sea el producto maduro de una transformación interna. No obstante, los buscadores y luchadores de ideas afines pueden ofrecerse mutuamente apoyo moral y aliento mutuo. Si la vida política de cualquier nación se espiritualiza, el proceso debe comenzar en comunidades intencionales. Los *ashrams* de Gandhi fueron intentos tan pioneros: pequeñas comunidades comprometidas a encarnar los principios que defendían. Entre estos principios los principales fueron los votos de *satya* y *ahimsa*. El autocontrol y la purificación involucraban continencia mental, verbal y física, control del paladar y los votos de no posesión e intrepidez. También fueron esenciales el voto de no robar, en el sentido más amplio del concepto, y el voto de *swadeshi*, la autosuficiencia. La fuerza del *ashram* no radica tanto en el establecimiento de reglas detalladas para vivir como en el esfuerzo consciente de ejemplificar una perspectiva compartida y realizar "experimentos con la verdad".

El *ashram* puede verse como una esfera de comunión en la que uno puede probarse a sí mismo, si lleva la verdad un paso más allá de uno mismo. El *anasakti* podría ser alimentado, errores corregidos, soluciones probadas, *tapas* magnificados. El afortunado podría descubrir que "el secreto de la vida feliz radica en la renuncia".[29] Para Gandhi, el *ashram* era un microcosmos que podría reflejar el pleno potencial del macrocosmos, una gota diminuta que refleja el mar resplandeciente. Sentía que la progresiva renuncia a la insignificante individualidad podría abrir mentes y corazones al Ser de toda la humanidad. Abrazando el mundo, las esperanzas de Gandhi se dirigieron no solo a su propia generación sino también a toda la posteridad.

> Por lo tanto, queda para aquellos que, como yo, mantenemos esta visión de la renuncia descubrir por sí mismos hasta qué punto el principio del *ahimsa* es compatible con la vida en el cuerpo y cómo se puede aplicar a los actos de la vida cotidiana. La virtud misma de un dharma es que es universal, que su práctica no es el monopolio de unos pocos, sino que debe ser el privilegio de todos. Y creo firmemente que el alcance de la verdad y del ahimsa es mundial. Es por eso que encuentro una alegría inefable al dedicar mi vida a las investigaciones sobre la verdad y el ahimsa e invito a otros a compartirlo conmigo haciendo lo mismo.[30]

Hermes, marzo de 1988
por Raghavan Iyer

Notas:

[1] M.K. Gandhi, Letter to A.H. West", *The Collected Works of Mahatma Gandhi*, K. Swaminathan, ed., Navajivan (Ahmedabad, 1958-1984), vol.10, p. 127 (hereafter cited as *CWMG);* reprinted in *The Moral and Political Writings of Mahatma Gandhi,* by Raghavan Iyer, ed., Clarendon (Oxford, 1986-1987), vol. 2, p.16 (hereafter cited as *MPWMG).*

[2] M.K. Gandhi, A Letter, *CWMG,* vol. 29, pp. 397-8; *MPWMG,* vol. 2, p. 20.

[3] M.K. Gandhi, "Three Vital Questions", *Young India,* Jan. 21, 1926; *MPWMG,* vol. 2, p. 23.

[4] M.K. Gandhi, A Letter, *CWMG,* vol. 69, p. 231; *MPWMG,* vol. 2, pp. 27-28.

[5] M.K. Gandhi, A Letter, *CWMG,* vol. 50, p. 80; *MPWMG,* Vol. 2, p. 28.

[6] M.K. Gandhi, Letter to Esther Faering, *CWMG,* vol.14, p. 176; *MPWMG,* Vol. 2, p. 36.

[7] M.K. Gandhi, A Letter, *CWMG,* Vol. 61, p. 28; *MPWMG,* Vol. 2, p. 34.

[8] M.K. Gandhi, Letter to K. Santanam, *CWMG,* vol. 30, p.180; *MPWMG,* vol. 2, p. 38.

[9] M.K. Gandhi, "The Law of Suffering", *Young India,* June 16, 1920; *MPWMG,* vol. 2, p. 41.

[10] M.K. Gandhi, "Optimism", *Navajivan,* Oct. 23, 1921; *MPWMG,* Vol. 2, p. 45.

[11] M.K. Gandhi, "Academic v. Practical", *Young India,* Nov. 14, 1929; *MPWMG,* Vol. 2, p. 25.

[12] M.K. Gandhi, Letter to Gangabehn Vaidya, *CWMG,* vol. 35, p. 220; *MPWMG,* vol. 2, p. 71.

[13] M.K. Gandhi, Letter to Mathuradas, *CWMG,* vol. 38, pp. 216-17; *MPWMG,* vol. 2, p. 87.

[14] M.K. Gandhi, "Discussion with Teachers", *Harijan,* Sept. 5, 1936; *MPWMG,* vol. 2, p. 91.

[15] M.K. Gandhi, Letter to Gangabehn Vaidya, *CWMG,* vol. 63, p. 451; *MPWMG,* vol. 2, p. 88.

[16] M.K. Gandhi, Importance of Vows; *Indian Opinion,* Oct. 8, 1913; *MPWMG,* vol. 2, p. 92.

[17] M.K. Gandhi, The Efficacy of Vows", *Young India,* Aug. 22, 1929; *MPWMG,* vol. 2, p. 102.

[18] M.K. Gandhi, Note to Gope Gurbuxani, *CWMG,* vol. 79, p. 206; *MPWMG,* vol. 2, p. 128.

[19] M.K. Gandhi, Under Conscience's Cover", *Young India,* Aug. 21, 1924; *MPWMG,* vol. 2, p. 125.

[20] M.K. Gandhi, Letter to Narandas Gandhi, *CWMG,* Vol. 44, p. 203; *MPWMG,* vol. 2, pp. 145-46.

[21] M.K. Gandhi, Speech at Meeting in Lausanne, *CWMG,* vol. 48, p. 404; *MPWMG,* Vol. 2, p. 165.

[22] M.K. Gandhi, Letter to Roy Walker, *CWMG,* vol. 77, p. 390; *MPWMG, vol.* 2. pp. 192-93.

[23] M.K. Gandhi, A Letter, *CWMG,* vol. 50, p. 76; *MPWMG,* vol. 2, p. 204.

[24] M.K. Gandhi, "On *Ahimsa",* *Modern Review,* Oct. 1916; *MPWMG,* vol. 2, p. 212.

[25] M.K. Gandhi, "Problems of Non-Violence", *Navajivan,* Aug. 9 1925; *MPWMG,* vol. 2, p. 218.

[26] See by Raghavan Iyer, *The Moral and Political Thought of Mahatma Gandhi,* Oxford University Press (New York, 1973, 1978); second edition: Concord Grove Press (Santa Barbara, 1983), ch. 8.

[27] M.K. Gandhi, "Difficulty of Practice", *Young India,* Jan. 30, 1930; *MPWMG,* vol. 2, p. 394.

[28] M.K. Gandhi, "Talk with an English Journalist", *Harijan.* Sept. 29, 1946; *MPWMG,* vol. 2, p. 455.

[29] M.K Gandhi, "Living up to 125", *Harijan,* Feb. 24, 1946; *MPWMG,* vol. 2, p. 637.

[30] M.K. Gandhi, "Jain *Ahimsa",* *Young India,* Oct. 25, 1928; *MPWMG,* vol. 2, p. 224.

DIBUJAR EL CÍRCULO MÁS GRANDE

*"Gran Tamiz" es el nombre de la "Doctrina del Corazón",
oh discípulo. La rueda de la Buena Ley se mueve rápidamente.
Muele de noche y de día. Separada del dorado grano la
despreciable cascarilla, de la harina, los desechos. La mano de
Karma guía la rueda; las revoluciones marcan los latidos del
corazón kármico.*

La Voz del Silencio

El ciclo de 1975 continuará precipitando elecciones trascendentales para los individuos y las sociedades. ¿Cuáles son los elementos vitales en esa elección decisiva y cuáles serán las principales consecuencias? Existe en la vida de cada ser humano una serie de elecciones menores que se suman a una elección crucial, pero a menudo se hace con un conocimiento incompleto de su naturaleza crítica. Crecer y envejecer es reconocer con creciente claridad que todos los eventos en el pasado han tenido sus consecuencias irreversibles. Por lo tanto, dentro de cualquier filosofía superficial centrada esencialmente en el cuerpo físico y basada en una sola encarnación, una sensación personal de futilidad y fatalismo se vislumbra a medida que uno se acerca al momento de la muerte. Esto sucede tanto con los individuos, como con las civilizaciones. Las civilizaciones son propensas a llevar a cabo la reflexión más profunda sobre su pasado histórico en tiempos de depresión, ya sea por nostalgia autocomplaciente o por puro desconcierto por su gloria pasada. Es lo que ha ensombrecido a toda gran civilización en su hora de decadencia, y hoy lo estamos presenciando en Europa occidental y en el estado de ánimo nostálgico que es intermitente en los Estados Unidos. Las civilizaciones buscan aferrarse a algo del pasado, y los cronistas perceptivos como Toynbee en Inglaterra o Jaspers en Suiza sienten que algo salió mal antes de 1914, que las semillas del malestar de hoy yacen en el pasado. Cuando recordamos ese pasado, suponemos que se podría haber evitado mucho, que había alternativas viables y oportunidades perdidas. Ese es el triste estado de las sociedades y de los individuos que, debido a la estrechez de la perspectiva y la miopía en relación con el futuro, imponen a sus vidas una dependencia engañosa de sus propias versiones editadas de un pasado truncado. Pero siempre que los seres humanos estén dispuestos a repensar sus suposiciones básicas sobre sí mismos, sobre su pasado encubierto y sobre su futuro nublado, entonces no necesitan editar. No tienen que limitar indebidamente el horizonte de su mirada.

Inicialmente, esto es difícil de entender. Uno podría pensar en términos del ejemplo extremo de una persona con previsión prometeica que puede discernir en los ciclos de este siglo los factores a largo plazo que se remontan mil años al pasado y avanzarán mil años en el futuro. En la era victoriana, T. H. Huxley observó que en la miríada de mundos que nos rodean no hay razón para que no haya seres con una inteligencia más allá de nuestro nivel actual, así como el nuestro está más allá del nivel del escarabajo negro. Y con un control sobre la naturaleza mucho más allá del nuestro, como el nuestro está más allá del control del caracol. También sugirió que incluso los seres humanos comunes pueden mirar hacia atrás y hacia adelante durante un milenio y hacer proyecciones amplias. En principio, es posible que haya seres en el universo que puedan ver todos los pasados y todos los futuros. El poder de elección es en parte una función del alcance de la perspectiva. Con perspectivas más amplias, nuestras elecciones se vuelven más inteligentes, pero al contar con más información, reconocemos fácilmente que hay muchos factores que son constantes. No se puede desear que las causas generadas durante un ciclo largo desaparezcan. Cuanto más claramente una persona vea lo que no puede alterar en este momento en esa encarnación, más efectivamente puede usar sus energías para alterar lo que puede. Todo ello requiere una medida de equilibrio, pero la mayoría de los seres humanos no pueden elegir sabiamente cuando enfrentan claramente las alternativas que tienen ante sí. Con demasiada frecuencia esperan en vano que, al proceder en una dirección, todo lo demás les llegue automáticamente. La energía no puede moverse en todas las direcciones a la vez, y aunque hay muchos planos de materia, siempre ocurre que todo se acumula en un universo matemático. La propia capacidad de elegir es una función del conocimiento de uno, no solo de cadenas causales particulares, sino también de lo que está en el centro del proceso fenomenal del devenir: inhalar y exhalar. Idealmente, si uno pudiera comprender el significado de un solo día, por analogía sería capaz de comprender lo que se representa a lo largo de la vida.

Se ha enseñado que, para los verdaderamente sabios, cada día es como una nueva encarnación. En un espacio pequeño ven los movimientos sutiles del espacio ilimitado. En un solo momento pueden captar por excelencia las infinitas posibilidades que se extienden en duración eterna. Pueden retener en la conciencia la libertad que pertenece a aquellos que no se apresuran a manifestarse, mientras muestran una conciencia astuta de lo que es posible manifestar con el debido respeto por los sentimientos de los demás, por las fortalezas y debilidades colectivas, por los límites y posibilidades del ciclo actual. La enseñanza Teosófica ofrece la vasta perspectiva de dieciocho millones de años de historia humana y también de la sexta sub-raza que surgirá en el futuro, pero que claramente debe tener alguna relación con la quinta sub-raza, ahora visiblemente en declive, que floreció en Europa y en parte en América. En este momento, existe, por analogía y correspondencia, un momento crítico de elección relacionado con las alternativas que confrontan nuestra inteligencia. La mente ratiocinativa se ha vuelto experta, debido a la educación moderna, a causa de tanto pensamiento dicotómico desde Aristóteles, en racionalizar sus anhelos, deseos y limitaciones. Ahora encontramos a nivel global el límite lógico de esa mente racionalizadora, que insiste en que no hay suficiente espacio o comida en la tierra para todos los seres humanos en nuestro globo. Esa barrera de un contexto "sin salida" en el pensamiento surge debido a suposiciones que fueron demasiado limitadas desde el principio. Se basa en una visión del universo que es incompatible con los vastos recursos de la imaginación creativa, con la inventiva mostrada en los últimos tres siglos en la construcción de las estructuras de la ciencia aplicada y la civilización sofisticada. Incluso ese es simplemente un ejemplo reciente del inmenso ingenio de la raza humana durante muchos milenios. El tipo de pensamiento que es inductivo, inferencial y dicotómico, que funciona dentro de la perspectiva de un universo cerrado o de un sistema de una vida, se ha vuelto estéril y no tiene respuestas reales a los asombrosos problemas de nuestro tiempo.

Hoy enfrentamos un momento decisivo de elección. Por el simple hecho de repudiar un modo de pensamiento obsoleto, los seres humanos no pueden borrarlo por completo de sus mentes. Muchas personas son víctimas confusas y temerosas de la psicosis colectiva, y parecen necesitar constantemente un refuerzo psicológico. Cuanto más miran hacia atrás, como la esposa de Lot, más corren el peligro de ser inmovilizados. El umbral del despertar se toca cuando las almas maduras buscan la sabiduría espiritual y perciben la realidad de los Mahatmas y su ilimitada compasión por toda la humanidad. Cuando una persona se ve profundamente afectada por una visión preliminar de la búsqueda de la iluminación, es imposible regresar: ha llegado el momento de la elección. Solo los iniciados saben cuál es el umbral crítico para cualquier individuo o civilización. En los últimos años, muchas almas se han enfrentado a un desconcierto colectivo que es el preludio de elecciones fatídicas. Para algunos ya es demasiado tarde. Otros, sin saberlo, cuando menos lo esperan, encontrarán su camino hacia la civilización del futuro. Todas esas elecciones involucran cadenas complejas de causalidad que están envueltas en las matemáticas arcanas del Karma. Todos los actos tienen sus consecuencias exactas y todo pensamiento genera resultados apropiados. El grado de intensidad es una función del nivel de conciencia, motivación y concentración. Pensar en líneas universales es iniciar corrientes más fuertes que las generadas desde un punto de vista sectario o separativo.

H.P. Blavatsky dijo:

Los codiscípulos deben ser sintonizados por el gurú como las cuerdas de un laúd (vina) - cada una diferente de las demás. Sin embargo, cada una debe de emitir sonidos en armonía con todas y colectivamente deben formar un teclado que responda en todas sus partes a su toque más ligero (el toque del Maestro). Así, sus mentes se abrirán para que las armonías de la Sabiduría vibren como conocimiento a través de todos y cada uno, resultando en efectos agradables para los dioses que presiden (ángeles tutelares o patronos) y útiles para el Lanú. Entonces, la Sabiduría quedará impresa para siempre en sus corazones y la armonía de la ley nunca se romperá... La mente permanecerá ajena a todo, excepto a las verdades universales en la naturaleza, para que la "Doctrina del Corazón" no se convierta en la "Doctrina del Ojo".

El verdadero chela es aquel que no siente gusto por las charlatanerías del mundo, no debido al desinterés en los individuos sino por el profundo interés por todas las almas. Sordo a las formulaciones engañosas de las complejidades de la existencia humana, el chela puede mantener su fuerza interior, en lugar de preocuparse incesantemente por reformar a todos los demás. La principal preocupación es asegurar un ancla firme dentro de la esfera divina del ser - mantenerse alejado de las corrientes turbulentas, para permanecer continuamente en sintonía con la música sagrada de la flauta de Krishna, con la *filia vocis* interna, los impulsos del Yo superior, los dictados del propio Ishtaguru. Existen diversos niveles de intensidad para los diversos modos de pensamiento. Si el discípulo va a lograr el salto cuántico a una forma de pensar totalmente nueva e inicialmente dolorosa, que es abstracta y universal pero totalmente libre, eso requiere la continuidad de la concentración para establecerse como una corriente de ideación y conciencia sin trabas. Entonces será posible iniciar consecuencias mucho más potentes en un corto lapso de tiempo del que podría generarse a través de un pensamiento kama-manásico confuso durante un largo período de tiempo. Este cambio de polaridad y alcance de la ideación está relacionado con la intensidad y la continuidad del nivel de energía de la materia radiante. En los niveles superiores hay una fusión creciente de pensamiento, sentimiento y volición. Cuanto más profundo se extrae de la fuente central de energías nouménicas en el universo, mayor son la potencia del pensamiento, el sentimiento y la voluntad, siempre que uno proteja esta corriente con el poder del silencio y la verdadera reserva. En un nivel eso es puro buen gusto; en otro nivel exige fidelidad absoluta a lo más alto y lo más sagrado. Si se puede dominar este modo, se puede trabajar como funciona la naturaleza, en silencio y en secreto, desde las profundidades del suelo donde germina la semilla dentro de la semilla, desplegando lentamente la humilde bellota y el poderoso roble.

La vida espiritual implica correr un riesgo mucho mayor que cualquier otro. Uno está arriesgando el colapso de su identidad personal, no solo las concepciones mundanas del éxito y el fracaso, sino también la identificación arraigada con el nombre y la forma y la existencia física, con gustos y disgustos, delirios y miedos. Tomar ese riesgo y sumergirse en el vacío requiere un coraje real. Eso no puede ocurrir sin un proceso purificador preliminar de preguntar por qué uno tiene miedo. Uno tiene que mirar sus apegos y verlos sin ilusión tanto como sea posible. Uno tiene que comprender por qué los apegos de ayer, que parecían ser absorbentes, no tienen ningún significado hoy. Un alma desafortunada queda atrapada en el ciclo de participación durante toda la vida, experimentando una desilusión tras otra. Un alma más sabia pronto ve al núcleo del proceso engañoso de externalización del yo. Aquí radica el gran enigma de la variación noética entre los seres humanos, en términos no solo de medio ambiente y herencia, sino aún más en la apreciación del karma traído a esta vida, el karma compartido con otros y el karma engendrado por uno mismo. Ser capaz de tener coraje moral y espiritual, ver todo desde el punto de vista del Ishwara interno, significa en la práctica que uno está dispuesto a trabajar pacientemente, como un soldado en el ejército, sin ningún acceso a los planes bien guardados del Jefe de Estado Mayor. Lo que importa es hacer lo mejor que se puede y se sabe. Dominar esa postura mental es acercarse a la órbita sagrada de la Hermandad de los Bodhisattvas. Pueden ver a cada alpinista tropezando, cada pequeña lámpara, desde la terraza de la iluminación. Instantáneamente ven lo que llaman "la luz Tathagata", el espíritu de la verdadera devoción, la abstención de encontrar fallas y el altruismo en pensamiento, palabra y obra.

Una persona tan preocupada por aprender que no tiene expectativas de sí mismo, puede recibir repentinamente el privilegio de compartir vislumbres de una visión universal, como la que Krishna le confirió a Arjuna. La sabiduría del alma no puede interpretarse en términos de símbolos conocidos o fichas visibles. Los verdaderos discípulos son afortunados de vivir en una época en que tantas personas han llegado al término de una forma de pensar completa, la mentalidad salvacionista de buscar resultados instantáneos y expiación indirecta. Durante más de dos mil años, este materialismo espiritual manchó la enseñanza pura de Jesucristo. En la última década, muchas cosas han sucedido rápido. Los que buscaron frenéticamente resultados rápidos se desilusionaron rápidamente. El gran tamizado de las almas ha facilitado enormemente la aparición de los pioneros verdaderamente valientes y autoseleccionados que buscan el bien del conjunto y están dispuestos a entrenarse como "soldados favorecidos de la fortuna" en el antiguo Ejército de la Voz. La nota clave de la hermandad universal ya apareció en el siglo XIX en el mensaje del Maha Chohan, quien declaró con calma: "La persona que se siente competente para comprender bien la noble idea al punto de trabajar para ella, no tiene que emprender una tarea demasiado pesada." No es necesario castigar a quienes no están preparados para la tarea más grande, y es demasiado tarde en la historia para convencer a los débiles de que simulen el lenguaje de los fuertes. Una de las paradojas de nuestro tiempo es que aquellos que no pueden mantener la continuidad de la conciencia ni siquiera durante una semana predican principios espirituales para su propia supervivencia psicológica. Pero de eso no saldrán los precursores de la civilización venidera, los agentes alquímicos para la transformación radical de los modos de pensamiento y acción. Esas almas raras se definen de una manera inconfundible, por la incondicionalidad del compromiso, la magnanimidad de la mente y la reverencia hacia todos los maestros espirituales de la humanidad.

La idea de la incondicionalidad se encuentra en el núcleo de la filosofía perenne de los grandes sabios en todo momento, en todas las condiciones y en todas las culturas. Este es el sello distintivo de identificación de la autenticidad de toda verdadera insinuación de *Theosophía*. *La Doctrina Secreta* señala lo impensable y lo indecible en los acentos del *Mandukya Upanishad*. El prefacio de H. P. Blavatsky para *La Doctrina Secreta* del Himno Rig Védico a la Creación, en donde los seres más elevados sugieren que quizás no conocen el propósito final de la creación, muestra el auténtico agnosticismo de los iluminados. Cuando los hombres han alcanzado la gnosis, su profundo agnosticismo difunde una fragancia incomparable que toca los corazones de las personas más humildes. Si uno intenta pasar de cualquier concepto de lo inmenso a una sensación de infinito, puede parecer que se está acercando a lo incondicional, pero ningún concepto de inmensidad o infinito puede capturar lo ilimitado del espacio invisible, la duración eterna, el movimiento perpetuo. o conciencia no modificada. Nunca se puede llevar al nivel de expresión, simbolización o conceptualización lo que uno puede aprehender y experimentar a un nivel más profundo, en el que todo el ser está vivo y despierto. Cuando lo profundo llama a lo profundo, la inefable conciencia de lo ilimitado no puede ser intimidada excepto a través del silencio y la quietud. Eso es profundamente fundamental para todo el universo y toda conciencia, para Dios, la ley y el hombre. Implica una reverencia interminable por lo desconocido en cada ser, no solo como un modo sino como la verdad central en todas las relaciones. Es lo único que da una verdadera libertad y total apertura en relación con las inagotables posibilidades del futuro. Aquellos que buscan en vano limitar el futuro a sus escenarios impresionistas y proyecciones lineales serán suplantados por la ola de sentimientos que surge de la abundante plenitud de los corazones humanos, de la ideación sin trabas de las mentes humanas y las voluntades creativas de las almas inmortales.

A medida que las estructuras del pasado se atrofian y se desmoronan, solo podría sustituirlas aquello que reflejara existencialmente la verdad interior de la evolución del alma, las percepciones de las mónadas que atraviesan el velo de las formas. Las inversiones de los inseguros, que permiten a los pigmeos morales especular sobre gigantes espirituales, no tendrán influencia en la civilización del futuro. Habrá un reconocimiento generalizado de la imposibilidad lógica para que el menor juzgue al mayor, y el signo seguro de la pequeñez será la tendencia a convertir las creencias en veredictos. La Era de Acuario fomentará esa apertura en relación con el círculo más grande, que será una extensión natural de la textura abierta de nuestras relaciones primarias: con padres, maestros, hermanos, los llamados enemigos y amigos. Habrá un reconocimiento más generalizado de que, aunque se levante un velo tras otro, debe quedar un velo tras otro. Cuando la raza humana en su conjunto pueda darse el lujo de vivir con una conciencia tan madura, será hospitalaria con el tipo de dureza espiritual y moral que puede hacer frente al ritmo acelerado de la precipitación kármica. Muchos comprenderán fácilmente el axioma elemental de las matemáticas del alma según el cual para comprender a un Adepto o Mahatma, primero se debe dedicar toda una vida al verdadero discipulado. Esa es una perspectiva inmensamente liberadora, en comparación con las sofocantes limitaciones espirituales del siglo pasado. H. P. Blavatsky tuvo que sufrir el dolor de arriesgarse a la profanación al testificar la existencia de Mahatmas en el apogeo del prejuicio y la presunción victorianos. Las víctimas malcriadas de siglos de estupidez sectaria, más hábiles en la inmovilización de imágenes que en la verdadera devoción, eran casi constitucionalmente incapaces de entender a los Mahatmas. Hablar de ellos era entonces un gran sacrificio. Afortunadamente, eso ya no es necesario, porque aquellos que necesitan participar en el clamor de las pseudo afirmaciones y los juicios superficiales ahora se enfrentan a un abundante suministro de gurús fácilmente disponibles. Eso ofrece una protección considerable al trabajo real en el mundo de la Hermandad de los Bodhisattvas. Durante el ciclo de 1975 ya no hay necesidad de hacer concesiones a los débiles en Occidente que eran desconocidas en el Este. Eso augura bien para el futuro de la humanidad.

En todo el mundo, el principal problema es renovar y mantener los estándares mínimos de ser verdaderamente humano. Solo aquellas almas que ya tienen una profunda comprensión de *sunyata* y *karuna*, el vacío de todos y la plenitud de la compasión, se someterán al entrenamiento permanente del discipulado y despertarán la *Bodhichitta*, la semilla del Bodhisattva. Por lo tanto, existe la inmensa ganancia de que la mezcla de vibraciones incompatibles puede mitigarse en este siglo. En el nivel más amplio, el bien universal, *Agatón*, es la nota clave de la época. La religión de la humanidad es el énfasis central del ciclo de 1975. Aquellos que son elegidos por sus propias meditaciones, por su naturaleza generosa y por sus actos cooperativos, que están dispuestos a convertirse en verdaderos discípulos de los Mahatmas, se someterán fácilmente a la disciplina rigurosa y compartirán los ricos recursos de la dialéctica divina,

Buddhi Yoga, reflejando la sabiduría divina de Brahma Vach o *Theosophia*. Intentarán sin cesar dibujar el círculo más grande. No hay razón por la cual la amplitud deba darse a expensas de la profundidad. Un nuevo equilibrio entre una difusión mucho más amplia de las verdades fundamentales de "los eslabones dorados" y una penetración mucho más profunda en lo visible ahora es posible y llegará a su pleno florecimiento a finales de siglo. En la avalancha climática de los últimos años, habrá una efusión sin precedentes de energías creativas y recursos espirituales, así como el cierre de muchas puertas, que sumirá en la oscuridad muchas ilusiones prolongadas del pasado. La religión de la humanidad es la religión del futuro, fusionando la filosofía de la perfectibilidad, la ciencia de la espiritualidad y la ética del crecimiento en la responsabilidad global.

por Raghavan Iyer
Hermes, agosto de 1978

EL *TRUSTEESHIP* GANDHIANO EN TEORÍA Y PRÁCTICA

El Arte de la Renuncia

El acto de renuncia a todo no es una mera renuncia física, sino que representa un segundo o nuevo nacimiento. Es un acto deliberado, no de hace por ignorancia. Es, por lo tanto, una regeneración.

MAHATMA GANDHI [1]

Para la India, el tema más crítico implica el replanteamiento actual de la filosofía de Mahatma Gandhi. Gandhi dijo que poco después de su muerte, la India ignoraría y traicionaría sus ideas, pero que treinta años después se vería obligada a restaurarlas. Los eventos han comenzado a validar su profecía, y la tendencia se acelerará... Cuando la India acepte totalmente que no puede emular a Japón sin aprovechar sus propios valores y proporcionar nuevas motivaciones, y cuando por necesidad sus dirigentes reconozcan que no pueden seguir inflando los símbolos de Gandhi o los eslóganes fáciles del socialismo, se verá obligada a hacer preguntas más fundamentales. Solo entonces puede surgir la verdadera revolución social, que podría tener una base radical fuerte y también tomar prestados elementos de las tradiciones antiguas y de los movimientos modernos. Si bien sería difícil predecir los cambios en sí mismos, requerirán una reevaluación seria de las preguntas de Gandhi relacionadas con la cantidad de bienes necesarios para una forma de vida significativa y satisfactoria.

Parapolitics – Toward the City of Man

Mahatma Gandhi sostuvo que todos los seres humanos son implícitamente responsables ante Dios, la Familia del Hombre y ante sí mismos por su uso y tratamiento de todos los bienes, dones y talentos que caen dentro de su dominio. Todo ello porque la

Naturaleza y el Hombre son sostenidos, inundados y regenerados por lo Divino. Hay una chispa luminosa de inteligencia divina en el movimiento del átomo y en los ojos de cada hombre y mujer en la tierra. Encarnamos nuestra divinidad cuando cultivamos deliberada y alegremente nuestros habilidades y activos por el bien común. Así, los mejores ejemplos de *"trusteeship"* (literalmente tutela o fideicomiso) son aquellos que tratan todas las posesiones como si fueran sagradas o profundamente preciosas más allá de cualquier escala de valoración mundana. Por lo tanto, es solo a través de la elección moral diaria y el uso meritorio de los recursos que mantenemos nuestros derechos heredados o adquiridos. Por esta razón, la idea misma de propiedad es engañosa y, en el fondo, una forma de violencia. Implica derechos y privilegios sobre el Hombre y la Naturaleza que van más allá de los límites de la necesidad humana, aunque no necesariamente más allá de los límites de la ley humana y la costumbre social. Oscurece la generosa generosidad de la Naturaleza, que proporciona suficiente para todos si cada uno tiene en confianza solamente lo que necesita, sin excesos ni explotación.

Gandhi sintió que todos nuestros recursos y posesiones, en cualquier nivel, no son simplemente fragmentos de lo Divino sino que también son inherentemente mortales y mutables. Lo Divino en su aspecto activo es incesantemente creativo y tiene siempre forma fluida. Por analogía, las necesidades humanas y las circunstancias materiales se alteran incluso cuando los patrones culturales y las costumbres sociales pretenden mantener la continuidad temporal a través de las tradiciones establecidas. La propiedad, desde ese punto de vista, es realmente un intento costoso e ilusorio para garantizar la permanencia y la sucesión. Crea apegos injustificados y expectativas insoportables. El apego egoísta a las posesiones de cualquier tipo no solo viola los propósitos más profundos de nuestra odisea humana, sino que finalmente genera posesividad y codicia, explotación y venganza. El espantoso malestar moral conduce a una autoafirmación y una proyección desmesuradas que solo pueden generar desconfianza, tristeza y "pérdida de todo". Pero cuando alcanzamos la sagrada postura mental del *"trustee"* (literalmente fideicomisario) que considera que todas las posesiones se mantienen en confianza por el bien de todos, podemos acercarnos progresivamente al alto estado espiritual de renuncia mental. Nosotros podemos, así como en *Upanishadica,* "renunciar y disfrutar". Es solamente cuando renunciamos voluntariamente a nuestras afirmaciones antinaturales y nos consagramos a un propósito superior que podemos disfrutar libremente de lo que tenemos. Por lo tanto, la autosatisfacción es un resultado natural de una perspectiva generosa y una mayor pureza de corazón. Es realmente una función del cultivo armonioso de nuestros recursos espirituales, mentales y materiales. En términos gandhianos, el disfrute sin culpa es inseparable de la probidad ética. El verdadero problema, entonces, no es cuánto o qué poco poseemos en cuanto a propiedad o talento, sino las razones y motivos detrás de sus asignaciones y usos.

Gandhi abordó el concepto de *trusteeship* en cuatro niveles diferentes. En primer lugar, el *trusteeship,* como único medio universal de redistribución continua de la riqueza, podría verse como un corolario del principio de no violencia y al mismo tiempo asegurar la generación y el uso inteligente de la riqueza.

> Ninguna otra teoría es compatible con la no violencia. En el método no violento, el malhechor encuentra su propio fin - si no deshace el mal. Porque, a través de la no cooperación no violenta, o se le hace ver su error, o se encuentra completamente aislado.
>
> "Theory of 'Trusteeship"
> *Harijan,* December 16, 1939

Incluso si la riqueza pudiera ser redistribuida coercitivamente, la avaricia y la inexperiencia resultantes por parte de muchos y el resentimiento por parte de los desposeídos conducirían a la inestabilidad económica y al rápido declive. Lo más probable es que conduzca a la guerra de clases, la violencia anómica y la auto alienación generalizada. El *trusteeship*, sin embargo, alienta a los propietarios a verse a sí mismos como *trustees* vigilantes de su riqueza acumulada para la comunidad en general sin amenazarlos.

En segundo lugar, la intuición psicológica práctica de Gandhi le permitió ver que el miedo evitaría que otros medios de distribución económica tuvieran éxito a largo plazo. Se necesita un cambio fundamental en los conceptos de actividad y coraje para superar la pasividad y la cobardía. El coraje debe separarse de la violencia, y la creatividad debe desprenderse de las formulaciones auto protectoras de los atrincherados. Esto implica enraizar nuevas nociones de actividad noética que son creativas, juguetonas y tolerantes, y nuevas nociones de coraje moral que son heroicas, magnánimas y civiles, en busca de auto-trascendencia universal. Un individuo debe sentir, de manera abstracta y concreta, un sentido seguro de eros alegre en el compañerismo y un sentido positivo de solidaridad con los desventurados seres humanos en todas partes. Debe sentirse uno con las víctimas de revoluciones incompletas, con los pioneros comprensiblemente impacientes y ocasionalmente equivocados de las grandes revoluciones, y aún más con aquellos dispuestos a desafiar cada criterio presuntuoso y forma de autoridad que traspasa la individualidad.

El hombre temeroso tiraniza a los demás: la redistribución forzada traería respuestas temerosas de los propietarios, quienes verían amenazadas sus vidas y su futuro, y las masas temerosas lidiarían con el exceso de riqueza de manera incompetente. Para Gandhi, la posibilidad siempre presente de cambio social debe abordarse desde una posición de verdad y coraje, mientras que el miedo es debilidad que conduce a la violencia. La fuerza no debe confundirse con las modalidades de violencia, que son instrumentos de miedo y siempre conducen a diversos grados de autodestrucción. Dado que la fuerza se basa en la dignidad y el respeto humanos, los trabajadores deben acercarse a los capitalistas explotadores desde una posición de autoestima basada en el capital del trabajo, porque "el trabajo es tanto el capital como el metal". Abolir el miedo e incluso el fracaso mismo requiere un cambio fundamental en la estructura social. La viabilidad de esta transformación social no radica en negar los juicios de los demás, sino en considerarlos como parcialmente relevantes, aunque en ningún sentido convincentes. Los individuos pueden comprometerse a aumentar su propia capacidad de auto trascendencia de los criterios externos de diferenciación, y así lograr la liberación de las iniquidades y horrores que se perpetúan en el Sistema.

> Por lo tanto, los trabajadores, en lugar de considerarse a sí mismos como enemigos de los ricos, o considerar a los ricos como sus enemigos naturales, deben mantener su trabajo en confianza para aquellos que lo necesitan. Esto solo pueden hacerlo cuando, en lugar de sentirse tan indefensos como ellos, se dan cuenta de su importancia en la economía humana y pierden el miedo o la desconfianza hacia los ricos. El miedo y la desconfianza son hermanas gemelas nacidas de la debilidad. Cuando el trabajo se dé cuenta de su fuerza, no necesitará usar ninguna fuerza contra las personas adineradas. Simplemente llamará su atención y respecto.

> "Letter to B. Srirangasayi"
> *The Hindu*, October 11, 1934

Gandhi discernió el papel crítico que desempeña la aceptabilidad en la legitimación de un orden social, y distinguió entre la aceptación tácita de un pueblo y el desagrado activo de un régimen económico. Mientras una sociedad encuentre aceptable su sistema socioeconómico, ese sistema se mantendrá incluso si una minoría militante lo detesta. Pero si un número significativo de personas lo encuentra inaceptable, se sacudirá hasta sus cimientos, independientemente de la complacencia de las élites privilegiadas.

En tercer lugar, Gandhi sostuvo que la idea del *trusteeship* podría ponerse en práctica de manera no violenta, porque podría instituirse gradualmente. Cuando se le preguntó si esos "*trustees*", individuos que poseían riqueza y se veían a sí mismos como guardianes de la sociedad, podían ser encontrados en la India en su época, rechazó la pregunta como estrictamente irrelevante para la teoría, que solo puede evaluarse mediante pruebas exhaustivas a lo largo del tiempo.

> Se me preguntará cuántos de los *trustees* se pueden encontrar realmente. De hecho, tal pregunta no debería surgir en absoluto. No está directamente relacionada con nuestra teoría. Puede haber solo uno de esos *trustees* o puede que no haya ninguno. ¿Por qué deberíamos preocuparnos por eso? Debemos tener fe en que podemos, sin violencia o con tan poca violencia que difícilmente se pueda llamar violencia, crear tal sentimiento entre los ricos. Deberíamos actuar en esa fe. Eso es suficiente para nosotros. Deberíamos demostrar a través de nuestro esfuerzo que podemos terminar con la disparidad económica con la ayuda de la no violencia. Solamente aquellos que no tienen fe en la no violencia pueden preguntar cuántos trustees de ese tipo se pueden encontrar.

> "Answers to Questions, Gandhi Seva Sangh Meeting" [2]
> Brindaban, *Harijan*, June 3, 1939

Gandhi sabía que buscaba la realización generalizada de un ideal olvidado, pero repudió la noción convencional de que un experimento es indigno de ser probado simplemente porque se deriva de un ideal exigente. Incluso si uno argumentara que el *trusteeship* estaba condenado al fracaso, no corría un riesgo mayor que las propuestas sociales convencionales de la época. Comprometido con los principios pero flexible en las políticas, Gandhi no vio ninguna razón para descuidar los ideales e instituir reformas sociales desde un punto de vista derrotista. Tal enfoque solo garantizaba que las fallas estructurales se incorporarían al nuevo orden social. Más bien, enfatizó, que es mejor avanzar hacia el ideal y hacer los ajustes apropiados necesarios de las fallas específicas encontradas al intentar alcanzarlo. Al hacerlo, los principios no se verían comprometidos y la posibilidad de mejorar siempre permanecería, mientras que en un sistema que asume la codicia y la corrupción en la naturaleza humana, nada fomenta su erradicación.

Gandhi no solo tenía fe en que era posible que los seres humanos se convirtieran en *trustees* de sus recursos por el bien de todos, sino que muchos de hecho ya lo eran y siempre lo habían sido: son los conservadores de la cultura y la tradición, que muestran su postura ética a través de innumerables actos diarios de gracia y preocupación por los demás. Tratar al hombre como hombre requiere no tanto la aceptación de las potencialidades iguales de todos los hombres, y mucho menos las potencialidades infinitas de todos los hombres, sino más bien la aceptación de las potencialidades desconocidas de todos los seres humanos. Dados los escasos recursos y los límites de la productividad y de los ingresos grava, definitivamente hay límites a lo que el Estado puede hacer, pero ¿hay alguna razón por la cual las asociaciones voluntarias no deberían tener la tarea de extender las vías de oportunidad disponibles para los desheredados? El socialista podría argumentar que mediante una extensión indefinida de oportunidades (que no siempre requiere la acción del Estado) y cambiando no solamente la estructura sino todo el espíritu y el tono moral de la sociedad, los nuevos valores sociales podrían emerger lentamente y marcar el comienzo de una era en la que los hombres muestren respeto mutuo que no se basae en las habilidades y las promociones, el rango y el estatus.

El objetivo mínimo de la equidad económica básica se establece fácilmente, sin embargo, es la primera etapa fundamental para la mejora del conjunto.

Todos deberían poder obtener suficiente trabajo para lograr que los dos extremos se cumplan. Y ese ideal puede realizarse universalmente sola si los medios de producción de las necesidades básicas de la vida permanecen bajo el control de las masas. Dichos medios deberían estar disponibles gratuitamente para todos como lo están el aire y el agua de Dios o como deberían estarlo; no deben convertirse en vehículos de tráfico para la explotación de otros. Su monopolización por parte de cualquier país, nación o grupo de personas sería injusta. El descuido de ese principio simple es la causa de la miseria que presenciamos hoy, no solo en esta tierra infeliz, sino también en otras partes del mundo.

"Economic Constitution of India"
Young India, November 15, 1928

El principio del *trusteeship* en su aplicación a la distribución equitativa de la riqueza, así como a la reforma socialista no violenta que sustenta, es practicable porque no requiere que todos lo emprendan de una vez. A diferencia de la mayoría de los socialistas que razonan que deben tomar el poder del Estado antes de instituir reformas efectivas, Gandhi sostuvo que los individuos iluminados podrían iniciar el proceso de deshacerse de lo innecesario y convertirse en verdaderos *trustees* de sus propias posesiones.

Es perfectamente posible que un individuo adopte esa forma de vida sin tener que esperar a que otros lo hagan. Y si un individuo puede observar una determinada regla de conducta, se deduce que un grupo de individuos puede hacer lo mismo. Es necesario para mí enfatizar el hecho de que nadie necesita esperar a nadie más para adoptar un rumbo correcto. Los hombres generalmente dudan en comenzar, si sienten que el objetivo no se puede alcanzar en su totalidad. Tal actitud mental es en realidad un obstáculo para el progreso.

"Equal Distribution"
Harijan, August 25, 1940

Una vez que se rompe la barrera de la conciencia, se puede hacer que funcione el principio de *trusteeship* dejando ir la demanda de una distribución mecánicamente igual, algo que Gandhi dudaba que alguna vez pudiera realizarse. En cambio, mantuvo el ideal revolucionario de distribución *equitativa*, que no solo sería posible sino necesario en el Estado socialista no violento.

En caso de que fracasen los intentos de alentar el abandono de la explotación a través de la apropiación indebida de los medios de producción, se podría hacer que el *trusteeship* trabaje a través de la no cooperación no violenta, en la que los trabajadores se dan cuenta del valor del capital y la fuerza colectiva de su trabajo. Si tiene éxito, las ideas que surgen del pensamiento adquisitivo estrecho se desvanecerían porque estaban enraizadas en suposiciones inaceptables e ilusorias.

> Si la idea de *trusteeship* atrapa, la filantropía, tal como la conocemos, desaparece . . . Un *trustee* no tiene más heredero que el público.
>
> "A Question"
> *Harijan*, April 12, 1942

Gradualmente, se podría introducir el *trusteeship* legal en la cual se formalizarían los deberes del *trustee* y del público. El *trustee* puede servir mientras las personas encuentren sus servicios beneficiosos. Incluso puede designar a su sucesor, pero la gente debe confirmarlo. En caso de que el Estado se involucre, el poder de nombramiento del *trustee* y el poder de revisión del Estado alcanzarán un equilibrio en el que se salvaguardará el bienestar de las personas.

En cuarto y último lugar, Gandhi creía que las condiciones sociales estaban maduras para aplicaciones imaginativas del principio de *trusteeship*. El colapso del imperialismo occidentales, la pobreza espiritual y social del fascismo y el totalitarismo, el fracaso psicológico del capitalismo, la bancarrota moral del socialismo de estado y la inflexibilidad ideológica del comunismo, todo indica un ineluctable, aunque gradual movimiento hacia una reconstitución del orden social que obligar a alguna forma de redistribución.

Los límites del crecimiento se hacen sentir al socavar las virtudes sociales como la confianza y la veracidad, la moderación y la aceptación mutua, así como un sentido de obligación fraterna, todo lo cual es esencial para la iniciativa individual en un sistema económico contractual. Si tales virtudes se tratan como bienes públicos necesarios para el bienestar universal, entonces el individualismo irrestricto enfrenta límites notables, para que no se destruya la justificación social y la viabilidad de todo el sistema. C. B. MacPherson fue tan lejos como para predecir que llegará el momento en que ya no será factible poner la adquisición por delante de los valores espirituales, y que el poder nacional se convertirá en una función no del poder del mercado sino de la estatura moral. Aunque tenemos que enfrentar la escasez, el énfasis en la auto conservación *hobbesiana* es adecuado.

> Los ricos deben reflexionar bien sobre cuál es su deber hoy. Quienes emplean mercenarios para proteger su riqueza pueden encontrar a esos mismos guardianes que se vuelven contra ellos. Las clases adineradas tienen que aprender a luchar, ya sea con armas o con las armas de la no violencia... Veo que llegará el día del gobierno de los pobres, ya sea a través de la fuerza de las armas o de la no violencia.
>
> "Advice to the Rich"
> *Harijan*, February 1, 1942

A pesar de que la guerra contra la pobreza llevará mucho tiempo, es necesario que el Estado adopte varias medidas para reducir las agudas desigualdades económicas que socavan el funcionamiento de la democracia de masas y para fortalecer el poder de organización de los campesinos, artesanos y trabajadores industriales y de oficina. Además de las medidas fiscales y monetarias para reducir los límites de techos de ingresos, sería deseable ayudar a los terratenientes e industriales adinerados a desprenderse de porciones de su riqueza, propiedades e ganancias como contribuciones públicas a planes y programas locales específicos. Cuanto más se pueda extender el proceso redistributivo más allá de la compulsión legal y la acción política, más se fortalecerá la democracia a nivel social. Cuanto más el Estado pueda reunir a representantes de grupos más ricos y más pobres, sectores más fuertes y más débiles de la sociedad, en la planificación de programas locales, mejor será para todos.

Aquí, se prueba la fe del socialista, así como su integridad, y también sus premisas finales. ¿Él cree en la perfectibilidad o en el pecado original? Si, como Condorcet, cree que el proceso histórico y el progreso de la humanidad implican una igualdad creciente entre las naciones, la igualdad dentro de las naciones y la perfectibilidad del hombre, ¿cuánto énfasis pone en el crecimiento y la perfectibilidad humana en lugar de en los defectos y debilidades inherentes? Si los socialistas comprometidos no están imbuidos de un pecado atávico u original, si mantienen una visión verdaderamente abierta de la naturaleza humana, entonces podrían adoptar un punto de vista parapolítico diferente. [3] Podrían decir que es porque creen en las posibilidades desconocidas de cada ser humano que se preocupan por extender la idea de excelencia humana hasta un punto en el que las distinciones sociales externas no importan, pero en el que se honra el *trusteeship* se honra allí donde se presencie en los seres humanos.

Debido a su inquebrantable convicción de que la violencia nunca puede producir resultados permanentes, solo la modestia de Gandhi le impidió afirmar que su solución ética llegaría a ser vista como la única alternativa viable a la miseria y la destrucción, si no ahora, en el futuro previsible. Deliberadamente evitó elaborar un sistema completo de *trusteeship* estatutario o voluntario a partir de la convicción de que los detalles estructurales y organizacionales necesariamente variaban con el contexto social y político y con el personal, mientras que el núcleo esencial del ideal era universalmente aplicable. Por lo tanto, podría obtener una visión seria de quiénes serían los más afectados por la implementación de sus propuestas sin amenazarlos.

No me da vergüenza reconocer que muchos capitalistas son amigables conmigo y no me temen. Saben que deseo acabar con el capitalismo casi (si no del todo) tanto como los socialistas más avanzados o incluso los comunistas. Pero nuestros métodos difieren, nuestros idiomas difieren. Mi teoría del "*trusteeship*" no es improvisada, ciertamente no es camuflaje. Estoy seguro de que sobrevivirá a todas las teorías.

"Theory of 'Trusteeship"
Harijan, December 16, 1939

por Raghavan Iyer
Hermes, julio de 1985

Notas:

[1] M.K. Gandhi, "The Golden Key", *Harijan,* January 30, 1937.

[2] M.K. Gandhi, "Answers to Questions at Gandhi Seva Sangh Meeting, Brindaban - II", *Gandhi Seva Sanghke Panchama Varshik Adhiveshan* (Brindaban, Bihar) *ka Vivaran,* pp. 50-9. *Cf.* "Gandhi Seva Sangh - IV: More Communings", by M.D., *Harijan,* June 3, 1939.

[3] Raghavan Iyer, *Parapolitics–Toward the City of Man,* Chapter 5, Oxford University Press (New York, 1979). Second edition: Concord Grove Press (Santa Barbara, 1985), p. 89.

MEDITACIÓN Y AUTOESTUDIO

Atmanam atmana pasya

La meditación y el autoestudio son de una importancia inconmensurable para cada persona. Se refieren al viaje más largo del alma, el descontento divino en la vida humana. La búsqueda de la verdadera meditación y el anhelo de un verdadero autoconocimiento son tan antiguos como el hombre pensante. Hoy, más que nunca, existe un hambre generalizada de enseñanza e instrucción sobre meditación y concentración. Algunos buscan aún más y anhelan un estilo de vida irradiado por la paz interior y la gozosa fuerza de la contemplación. La nuestra es una época de autoconciencia aguda, casi obsesiva. Todos están oprimidos por los juegos del ego endémicos de la cultura contemporánea, las formas de pensamiento y los hábitos del habla, los modos paranoicos, competitivos y sin amor que aparentemente se requieren simplemente para mantener el cuerpo y el alma juntos. Nos vemos tentados a pensar que existe una necesidad ineludible de afirmarnos para sobrevivir, para protegernos de ser explotados, engullidos o ahogados. Al mismo tiempo, miramos en muchas direcciones, tanto a las antiguas y modernas escuelas de salud psicológica como a las nuevas, con la esperanza de mejorar nuestra capacidad de autoanálisis, aclaración mental y un control mínimo sobre nuestras vidas personales.

El hambre de conocimiento auténtico y técnicas confiables de meditación, y la conmovedora preocupación por la autodefinición, son necesidades primordiales de nuestro tiempo. Son más fundamentales, más duraderas y más desconcertantes que todos los otros reclamos clamorosos. Pero parecen moverse en direcciones opuestas. El impulso hacia la meditación parece direccionar hacia la exclusión del mundo - el mundo de la ilusión - o al menos la estructura en descomposición de cualquier sociedad. Sugiere liberación, un escape de la gran rueda del nacimiento y la muerte y todo el proceso de la vida. Implica el deseo de un equivalente a los conceptos convencionales del cielo. Las imágenes de auto trascendencia eterna, nirvánica y absoluta son a menudo análogas a la liberación perpetua y perfecta que los hombres buscan desesperadamente y no encuentran en el plano físico del eros inferior. Por otro lado, toda la preocupación por el autoanálisis y la autocomprensión está ligada a la necesidad de mejorar nuestra relación con nuestros semejantes, nuestra capacidad de supervivencia, la dependencia absoluta de la aceptación y el amor. Es algo tan dirigido a una reentrada en el mundo que el autoestudio y la meditación parecen representar polos que vuelan en direcciones opuestas. Y en ambos casos hay más maestros que discípulos. Hay tantas escuelas, tantas sectas, una gama tan amplia de panaceas que hay algo absurdo y también profundamente triste sobre el fermento en el umbral del ciclo de 1975.

Si pensamos por un momento en otra época, un tiempo distante en el que los hombres buscaron la sabiduría suprema sobre la inmortalidad del Ser y las alegrías finales de la contemplación, podemos entender que hubo hombres y mujeres que dedicaron sus vidas a una búsqueda prolongada y desesperada. Consagraron todo lo que tenían a fin de encontrar alguna respuesta con la que pudieran vivir, y de la que pudieran obtener una visión más fundamental, una solución más permanente - no solo para ellos, sino también en relación con la intensa situación humana, el malestar de la humanidad. Hoy, ciertamente, no encontramos nada comparable a las exigentes demandas y al sentido aristocrático en el que muchos son llamados, pocos persisten, poquísimos son elegidos y casi nadie triunfa. Hay una estadística tentadora en el *Bhagavad Gita* que sugiere que un hombre en un millón tiene éxito en la búsqueda de la inmortalidad. Cuando pensamos en esa perspectiva exaltada del viaje, en una época en la que existe una preocupación casi universal, y si la consideramos en términos impersonales, por el bien de todos y no solo por nosotros mismos, nos sentimos profundamente perplejos. Algo está mal. Sin embargo, debe haber una legitimidad en lo que está sucediendo. ¿Cómo se puede entender esto? ¿Dónde se pueden encontrar la verdadera sabiduría y enseñanza? ¿Dónde están los verdaderos maestros? ¿Dónde están esos auténticos hombres de meditación que pueden, por su compasión, consagrar todo el esfuerzo, mostrando no solo discernimiento en la elección de discípulos merecedores, sino también una justicia suprema acorde con la necesidad total del mundo en su conjunto? Cuanto más hacemos preguntas de este tipo, más debemos retirarnos, si somos honestos, a una confesión purificadora de ignorancia absoluta.

No sabemos si existe en el mundo algún conocimiento del cual haya signos externos que sean absolutamente ciertos, en relación con un método soberano. Las condiciones, los requisitos y el objeto de la búsqueda son oscuros para nosotros. Al ver la inmensa necesidad de nuestra época, no estamos seguros de si hay algo que pueda satisfacer adecuadamente las diversas necesidades de un gran número de variados tipos de agonía, enfermedad y dolor humanos. Podríamos pensar que estamos en la edad Oscura, que los Sabios se han ido, y que ya no hay acceso a la concepción más elevada de la sabiduría en relación con la meditación o el autoconocimiento. Esta respuesta vendría naturalmente a un hombre humilde y honesto en el contexto de la tradición inmemorial del Oriente. En el Occidente, uno podría estar inclinado a argumentar que al no tener forma de saber si todo es una distracción, es mejor no mirar en ninguna dirección, ni ver nuestra situación en términos de las tradiciones religiosas mesiánicas de la Era de Piscis.

Así, hay una intensidad inquieta en la búsqueda de una técnica o fórmula, que no es simplemente un método infalible de meditación o de autoaprendizaje, sino que de hecho es una panacea para la salvación. Aquellos que no solo se preocupan por sí mismos, sino que comparten un sentido de conciencia de las necesidades comunes de los hombres, piensan menos en términos de una mera panacea que en un mandato para la salvación universal. Buscan lo que no solo es supremamente válido, decisivo y seguro, sino también lo que podría estar disponible para todos y que pueda ser utilizado por los seres humanos tal como son, con todas sus falibilidades, limitaciones e imperfecciones, ya sea como aprendices y principiantes, o simplemente para evitar el deslizamiento hacia la autodestrucción. Están buscando lo que, de hecho, puede comercializarse ampliamente y ponerse a disposición. Dicho de otra forma, la idea de un mandato para la salvación se vuelve más comprensible y se le puede prestar una cierta dignidad mínima. Es como si uno dijera que quiere, para cualquier persona común de la calle, no el conocimiento que necesita para convertirse en un santo o un sabio, o un hombre de meditación perfeccionado en el autoconocimiento, sino simplemente el conocimiento que le permite tener lo que no puede encontrar en ninguna píldora o poción, o tampoco puede obtener de un médico o psiquiatra.

Es el conocimiento lo que le ayudará a equilibrar su vida y ganar, en un tiempo caótico, suficiente calma y suficiente continuidad de la energía de la voluntad, para poder sobrevivir sin sucumbir a la amenaza constante y el peligro de desintegración, que siempre se avecina como una pesadilla. Lo que se necesita es la capacidad de evitar el terrible declive a lo largo de una pendiente inclinada que se dirige hacia un abismo aterrador de aniquilación y nada. En ese declive hay pasos que son muy dolorosos y fácilmente reconocibles, no solo por uno mismo sino por los demás. Representan el debilitamiento de la voluntad y la incapacidad progresiva para reforzar la voluntad, especialmente en medio del colapso de todos esos objetivos colectivos de sociedades y hombres en términos de los cuales una vez fue capaz de generar una especie de energía de voluntad extraordinaria. En nuestra cultura prometeica o faustiana, los individuos simplemente no tienen la fuerza de voluntad requerida para las nociones más mínimas de supervivencia. Cuando ponemos el tema en este contexto contemporáneo agonizante, y no en un contexto clásico aparentemente alejado de nuestro tiempo, podemos preguntar si hay algún texto Teosófico sobre meditación y autoestudio digno de escrutinio y profundamente relevante en la vida de una persona, que en principio es capaz de universalizarse y podría tener la mayor relevancia para nuestra condición contemporánea.

Aquí uno puede recurrir a la sabiduría meticulosa y enigmática de Helena Petrovna Blavatsky, ese ser humano inmensamente compasivo y extraordinario. Ella eligió, aunque solo al final de su vida, dar al mundo y, sin embargo, dedicar a unos pocos, una traducción de fuentes tibetanas desconocidas de estrofas, todavía cantadas en monasterios y santuarios de iniciación, que llamó *La Voz del Silencio*. Ese hermoso libro fue bendecido en su tiempo por el hombre cuyo privilegio kármico era asumir la custodia de todas las órdenes y escuelas en el Tíbet, el Dalai Lama de su época. A principios del siglo XX se publicó en una edición en Pekín con un prefacio del Panchen Lama. Es un libro que ha sido bendecido por los representantes visibles de la auténtica tradición del Tíbet. Para aquellos que leyeron el libro y lo compararon con el *Bhagavad Gita*, y con los textos clásicos de India sobre la meditación y el Yo, ya sea remontándose a Patanjali o Shankaracharya o viniendo a los representantes modernos de la antigua tradición - a aquellos que lo han hecho incluso en un nivel elemental - está claro que el libro es extremadamente difícil, pero también es una invitación y un desafío.

Hay quienes realmente han tomado muy en serio, en confianza, las palabras de H. P. Blavatsky en la primera página del libro: "Fragmentos elegidos del Libro de los preceptos dorados, para el uso diario de *Lanoos*". Solamente si desean convertirse en un *lanoo* (o lanú) o un discípulo, y aspiran a una disciplina que es divina pero que debe practicarse todos los días. Aquellos que son lo suficientemente simples, como los tontos de Dios, para tener este tipo de respuesta al libro, y que lo usan, pronto se encuentran en la posición de preguntarse si realmente entienden lo que se les está enseñando y si estas instrucciones son realidades relevantes y reales en sus vidas. Sin duda, puede haber estados de ánimo en los que el texto puede parecer palabras vacías, pero a lo largo de un período, ¿honestamente hace una diferencia en la conciencia, la vida cotidiana, la capacidad de autocontrol y el autoconocimiento? Cuando una persona se aplica esas pruebas a sí mismo, todo lo que se puede decir de antemano es que aquellos que han usado el libro lo han encontrado de suficiente ayuda para sentirse inmensamente agradecidos con los responsables de darle al mundo esta versión de una disciplina antigua y tradicional - que asociamos con el Movimiento Teosófico. De hecho, seguramente debe haber algunos para quienes el libro finalmente deja de ser un libro, y para quienes el camino mismo del ascenso a través de los portales se convierte en una realidad suprema en sus vidas. Para ellos, el problema no es cuestionar esta realidad, sino relacionarla con las llamadas realidades del mundo en que vivimos. ¿Cómo vivimos esta vida - no en un lugar apartado y protegido de la tierra, sino aquí y ahora? En ciudades abarrotadas, entre seres humanos humildes, todo parece ahogarse y desplazar el mensaje de este libro. Cualquiera que lo desee puede considerar la meditación y el autoestudio en el contexto de la enseñanza en *La Voz del Silencio*. Parece apropiado que los estudiantes de Teosofía aprovechen el privilegio de hacerlo, no solo para su propio beneficio creciente, sino también por un deseo genuino de compartir con aquellos que pueden no haber tenido la oportunidad de usar esa enseñanza y ese libro. Como mínimo, se podría decir que eso no sería peor que cualquier otra cosa que se les ocurriera. Pero cada uno debe decidir por su cuenta.

Si abordamos el tema en ese contexto, podríamos preguntarnos cómo este libro, incluso lo que uno sabe de él, ayuda a vincular la agonía contemporánea con los vuelos supremos de meditación del pasado clásico. Sorprendentemente, ambos están en el libro, al principio y al final. Al principio del libro se nos cuenta sobre la inmensa tragedia de la condición humana: "Contemplen las Huestes de las Almas. Miren cómo se ciernen sobre el tormentoso mar de la vida humana y cómo, agotados, sangrando, con las alas rotas, caen uno tras otro en las olas crecientes. Sacudidos por los vientos feroces, perseguidos por el vendaval, se arrastran hacia los remolinos y desaparecen dentro del primer gran vórtice". La crisis de identidad, el terror psicológico, la lucha desesperada por la supervivencia y un significado mínimo que se atribuye a la vida - están a nuestro alrededor. En el mejor de los casos, solo podemos imaginar la ilimitada compasión de seres mucho más grandes que nosotros que son capaces de comprender la enormidad de la angustia. Al mismo tiempo, el libro nos dice cómo sería el hombre ideal de la meditación. Nos da una imagen conmovedora y convincente, una imagen vibrante del hombre de meditación. Muestra cómo es más poderoso que los dioses, que es tan fuerte que "sostiene la vida y la muerte en su mano fuerte". Su mente, "como un océano calmado e ilimitado, se extiende en el espacio sin costas." Tan grande es el surgimiento de tal Ser, en cualquier momento o lugar escondido en la oscuridad de la historia secreta de la humanidad, que es conocido y registrado y recibe una celebración sinfónica en todos los reinos de la naturaleza. Toda la naturaleza "se estremece de gozo y asombro y se siente doblegada."

El texto evoca en nosotros recuerdos de un pasado olvidado, de concepciones míticas, de edades doradas que se fueron, cuando los hombres, como los niños, se sentaron en una atmósfera de confianza y paz, con abundante ocio, bajo la sombra de los árboles. Mientras que algunos vinieron para refugiarse, otros para quedarse dormidos, otros para sentarse y aprender, y otros para sentarse y hablar sobre todo - desde lo más metafísico hasta lo más práctico, otros vinieron por el bien de la encarnación existencial de la disciplina de una vida de contemplación Imágenes de este tipo nos vienen a la mente, mientras que al mismo tiempo, tal vez vemos que hay una continuidad dentro de la agonía de la humanidad a lo largo de la historia. Hay una angustia más profunda, un descontento divino en el núcleo mismo de la condición humana, que es tan antigua como el hombre y que es tan notablemente pertinente como todas las explicaciones de las necesidades de nuestra época. En algún lugar hay una conexión entre la tremenda consumación del Supremo Maestro de meditación y luz: el que se ha convertido en uno con el universo, que se ha convertido en un espejo vivo de la gloria de la vestimenta de Dios, del universo en su conjunto, del Ser de todas las criaturas -- en algún lugar hay una conexión entre ese Ser, si él es parte de la familia del hombre, y todos aquellos que están al borde de la desintegración.

En cada ser humano habita el embrión de este hombre ideal de meditación, y podemos imaginar, al menos, cómo sería para un ser así estar presente en algún lugar entre nosotros, o en nosotros mismos. También podemos reconocer que tenemos nuestra propia participación en la desesperada demanda de supervivencia psicológica. Así, restauramos la integridad de nuestra propia búsqueda y merecemos algo de esa iluminación que se afianzará en nuestra conciencia en relación con la gran e invaluable enseñanza. Podríamos comenzar a preguntarnos si tal vez hay un acorde dorado que conecta la esfera dorada de un hombre de meditación y los complejos reinos intermedios en los que debe llegar a conocerse a sí mismo mediante el dolor, la angustia y el despertar, uniendo pequeños momentos dorados rescatados de una gran cantidad de espuma y autoengaño. Si no hubiera una conexión fundamental entre la meditación y el autoaprendizaje, nos perderíamos algo de la sabiduría singularmente preciosa de este gran texto. Cuando comenzamos a darnos cuenta de eso en nuestras vidas, llegamos a apreciarlo, si bien es posible que no estemos en condiciones de emitir juicios sobre los maestros y las escuelas en una historia vasta y en gran parte no registrada o en nuestro propio tiempo. No obstante, sabemos que hay algo profundamente importante en hacer hincapié tanto en la meditación como el autoestudio, en unir ambos. Debemos conciliar lo que parecía un par de opuestos y llegar más allá de la desesperación a otra cosa que permita un equilibrio existencial y dinámico entre la meditación y el autoestudio. Es la calidad de la compasión. Está en el corazón de cada ser humano en su respuesta al dolor humano, y lo conduce verdaderamente a la comunión con esos Seres de Compasión Ilimitada.

Un hombre es un Buda antes de buscar convertirse en un Buda: es potencialmente un Buda. En un momento, el Buda debe haber tenido el deseo de convertirse en un Buda, para comprender el dolor humano. El voto de Buda es sagrado porque es un voto tomado en nombre de todos. Hay en todos la capacidad de querer algo por el bien de todos, y también honestamente quererlo para uno mismo. En eso hay un reflejo auténtico, en cada corazón humano, de los comienzos más altos, más santos y más fecundos de la búsqueda. Hay muchos comienzos, muchos fracasos y muchos finales aparentes. La búsqueda en sí misma, ya que se aplica a todos los seres y no solo a cualquier hombre, no tiene principio ni fin. Es universal, ya que cualquier búsqueda individual en esta dirección se fusiona en algún momento con la búsqueda colectiva. Dicho en forma poética, o reconocido en los sentimientos más simples, hay algo metafísicamente importante y filosóficamente fundamental en la conexión entre la meditación o la trascendencia de uno mismo, y el tipo de autoaprendizaje que hace posible la verdadera autorrealización. Hay una manera en que un hombre puede estar fuera de este mundo y en este mundo, puede olvidarse de sí mismo y, sin embargo, ser más verdaderamente él mismo. Esas paradojas del lenguaje son difíciles de explicar en cierto nivel y, sin embargo, todos sabemos que son las paradojas de nuestras propias vidas. En nuestros momentos de mayor soledad, de repente encontramos una sorprendente capacidad de acercarnos a seres muy alejados de nosotros, hombres de diferentes razas y grupos enajenados en el dolor. Entonces llegamos a sentir una hermandad que es tan profunda que nunca podría ser asegurada de otra manera. Todo ello parte de la experiencia cotidiana de la humanidad.

Aquí tocamos un aspecto crucial, mantenido "celosamente" por la tradición Gelugpa del Tíbet, que afirma que, a menos que se dedique suficiente tiempo a refinar, estudiar y purificar el motivo, a utilizar la compasión como combustible para generar la energía necesaria para despegar y aterrizar, no debe empezar a precipitarse en la meditación. Es una escuela lenta, pero acoge al aspirante en nombre de todos. Desprecia los poderes y la noción de que un hombre se convierta en un superhombre aislado de la búsqueda de otros hombres. Sin hacer promesas ni reclamos, no insulta nuestra inteligencia al prometernos algo que se alcanzará sin esfuerzo.

¿No somos lo suficientemente mayores en la historia como para tener cierto aprensión de las escuelas que prometen demasiado y demasiado pronto, cuando sabemos que eso no funciona en nigún ámbito de la vida? ¿Iríamos a algún músico local que hable en voz alta y nos diga que podría hacernos tan buenos como Casals en una semana? ¿Lo tomaríamos en serio? Podríamos ir a él por diversión, simpatía o curiosidad. ¿Por qué en el más sagrado de todos los reinos debemos ser engañados? ¿Es por nuestra impaciencia, nuestro sentimiento de indignidad, un miedo anticipado al fracaso? Estas preguntas nos devuelven a nosotros mismos. Al plantearlas, al probar nuestro propio punto de vista en el momento original del comienzo de la búsqueda, hacemos descubrimientos sobre nosotros mismos. Son muy profundos e importantes, ya que pueden resumirnos una gran parte del pasado. También serían cruciales en el futuro, donde podríamos llegar a sentir la relevancia suprema a lo largo del camino, cuando es difícil y rudo, de lo que Merlín le dijo a Arturo: "Regresa al momento original". Si uno pudiera entender la plenitud de lo que se anticipa en ese momento original de nuestra búsqueda, se podría rastrear toda la curva de nuestro crecimiento que probablemente surgirá, con sus altibajos. Sin embargo, no se puede contar todo mientras existan profundidades desconocidas de potencialidad y libre albedrío en un ser humano.

Una declaración en *La Mañana de los Magos* (*The Morning of the Magicians*) sugiere que mientras los hombres quieran algo por nada - dinero sin trabajo, conocimiento sin estudio, poder sin conocimiento, virtud sin alguna forma de ascetismo - florecerán mil falsas sociedades para iniciantes, que imitarán el lenguaje secreto de los "técnicos de lo sagrado". Debe haber alguna razón por la cual la integridad de la búsqueda requiere que no se realicen falsos halagos al lado más débil de cada hombre. *La Voz del Silencio* nos dice desde el principio: "Renuncia a tu vida, si es que quieres vivir". Ese lado de ti que tiene miedo, que quiere ser engatusado, halagado y prometido, que quisiera una póliza de seguro, debe desaparecer. Es solo en esa muerte que te descubrirás a ti mismo. Todos nos limitamos. Nos involucramos en un acto colectivo de auto denigración diaria de la humanidad. Imponemos, además de nuestros problemas tangibles, dificultades imaginarias e insuperables debido a nuestra insistencia dogmática en la finalidad de nuestras limitaciones.

La Sabiduría-Religión se transmite para restaurar en el ser humano, y colectivamente en el mundo, la realidad de la perfectibilidad del hombre, la seguridad de que los hombres son dioses, que cualquier hombre es capaz de alcanzar la cima, y que la diferencia entre un Buda o un Cristo y cualquiera de nosotros es una diferencia de grado y no de tipo. Al mismo tiempo, muestra que la matanza del dragón, la colocación del demonio bajo el pie, el mandato de la voluntad soberana del Adepto, "Quítate de en medio, Satanás" -- son hechos heroicos que cada uno de nosotros podría lograr. Los dioses potenciales también podrían convertirse en reyes. Todo hombre puede ser un rey en su propia república, pero solo puede convertirse en un rey y, finalmente, en un dios si experimenta por primera vez la emoción de afirmar lo que es ser un hombre: hombre *qua* hombre, alguien que participa de la gloria, la potencialidad, la promesa y la excelencia de la naturaleza humana, una persona que comparte puntos de contacto con el hombre más poderoso de la meditación. Debe comprender lo que puede hacer el poder de su pensamiento y discernir una conexión entre la imaginación de los niños y la imaginación disciplinada de los maestros perfeccionados.

Con esta visión exaltada de la encarnación individual de las potencialidades colectivas del hombre, una persona puede decir: "Estoy orgulloso de ser un hombre y un hombre lo suficiente como para darme un mínimo de dignidad. Estoy dispuesto a ser juzgado, a ser duro, a pasar por una disciplina. Estoy dispuesto a ser un discípulo y disipar esa parte de mí que es pretenciosa, pero que también es mi problema y mi carga -- como el burro que el hombre carga su espalda en la fábula japonesa, en lugar de convertirla en una sombra cada vez más larga al alejarse del sol. Puedo hacer que esa sombra se reduzca caminando hacia el sol, el Logos reflejado en los grandes maestros, lo cual es real y en mí y en cada ser vivo." Esta es una gran afirmación. Hacerla es profundamente importante. Es afirmar en este día y edad que es significativo para un hombre renunciar a pretensiones menores y participar en lo que puede parecer presunción, pero es realmente una afirmación en su vida de que puede apreciar la prerrogativa de lo que es ser un *manushya*, un hombre, un ser consciente de sí mismo. Ese es un gran paso en el camino de los pasos progresivos en la meditación y el autoestudio.

Hasta ahora, todo lo que se ha dicho se trata de comienzos, pero este es realmente un campo donde el primer paso parece ser el más difícil. Además, se trata de cómo se define el primer paso. Aquí se puede hacer una analogía con nuestra experiencia en la ingeniería de máquinas voladoras. Los diseños estaban allí; los diagramas estaban allí; las ecuaciones estaban allí; el conocimiento de lo que implica el mantenimiento de un motor a reacción a gran altura estaba allí. La parte difícil fue el problema del despegue y aterrizaje. Ahora sabemos más ampliamente, en una época en que las personas recurren desesperadamente a una variedad de drogas, que es muy difícil tener control sobre la entrada a los estados superiores de conciencia de una manera que asegure un reingreso sin problemas a la vida ordinaria. Es por el problema del despegue y el aterrizaje que necesitamos ser muy claros acerca de nuestros comienzos y también ver toda la búsqueda como una reafirmación de la integridad del principio, en relación con la meditación y el autoestudio.

En las escuelas Gelugpa se le diría a uno que pasara mucho tiempo expandiendo la compasión, pero también meditando en la meditación. ¿En qué se va a meditar? Medita en la meditación misma. Medita en hombres de meditación. En otras palabras, cuanto más intentas meditar, más te das cuenta de que la meditación es esquiva. Pero esta es una idea que lo protege del autoengaño. Finalmente, el universo entero es una encarnación de la mente colectiva. La meditación en su plenitud es ese poder creativo del

Demiurgo platónico, del Visvakarman hindú, del Logos de los gnósticos, que podría iniciar un mundo entero. Esa iniciación o inauguración de un mundo es una representación del poderoso poder de la meditación. Puedes convertirte, dice *La Voz del Silencio*, en uno con el poder de Todo Pensamiento, pero no puedes hacerlo hasta que hayas expulsado cada pensamiento particular de tu mente-alma. Aquí está la base filosófica y cósmica de la meditación en su plenitud. Todas las meditaciones solo pueden ser peldaños hacia una meditación más grande. Lo que nos dará un indicador de la calidad, la fuerza y el significado de nuestro poder para meditar, y de nuestras meditaciones particulares, es nuestra capacidad de cosechar en el ámbito del autoconocimiento lo que se puede probar en nuestro conocimiento y comprensión de todos los demás. O sea, si amar a una persona incondicionalmente es tan difícil para nosotros, cuán extraordinariamente alejado de nosotros parece ser la concepción de aquellos seres que pueden amar incondicionalmente a todos los seres vivos. No podemos hacerlo incluso con uno. Ahora alguien podría decir: "No, pero puedo hacerlo con uno o unos pocos lo suficiente como para comprender en principio cómo sería hacerlo para todos". Alguien más podría decir: "Oh, cuando miro mi vida me doy cuenta de que no sé lo que es amar completamente a nadie, pero sí sé que en algún lugar de mi soledad y dolor siento la cercanía de rostros anónimos. Un vínculo silencioso de hermandad entre mí y muchos otros".

Hay diferentes maneras en que podríamos ver en nosotros el embrión de ese amor y compasión ilimitados que es el fruto del autoconocimiento en su apogeo, donde un hombre se convierte conscientemente en una encarnación universal del Logos, sin sentido de identidad, excepto en el acto mismo de reflejar la luz universal. Debe haber una integridad tremenda en una enseñanza y disciplina que dice que cada paso cuenta, que cada falla puede ser utilizada, y que las cenizas de sus fallas serán útiles para volver a injertar y rejuvenecer lo que es como un árbol frágil que debe ser replantado una y otra vez. Pero el árbol que uno está plantando es el árbol de la inmortalidad. Uno está tratando de traer a los vehículos menores de los planos de materia más diferenciados la gloriosa vestimenta de la inmortalidad, que se mostró más claramente cuando era un bebé, que saludó en el primer grito de nacimiento, del que se toma cierta conciencia en el momento de la muerte.

Hay un indicio de los momentos de nacimiento y muerte, algo así como una indicación de la gloria oculta del hombre, pero durante la vida uno no está tan despierto. Eso se convierte en un problema de memoria y olvido. Se inicia la cadena de declive. Se afirmaba clásicamente en el segundo capítulo del *Gita*: "El que atiende a las inclinaciones de los sentidos, en ellos tiene una preocupación; de esta preocupación se crea pasión; de la pasión, la ira; de la ira se produce el engaño; del engaño, una pérdida de la memoria; de la pérdida de memoria, pérdida de discriminación; y de la pérdida de discriminación, la pérdida de todos". Cada hombre se fragmenta, se gasta, se limita, se finiquita, se localiza, hasta tal punto, con tanta intensidad e irregularidad, y una inquietud tan frenética y febril, que se está consumiendo a sí mismo. Fisiológicamente sabemos que no podemos vencer los procesos en el tiempo de reloj de los cambios en el cuerpo físico. Por lo tanto, no podemos esperar encontrar el elixir de la inmortalidad en el plano físico. Pero todos sabemos que, al prestar atención al proceso mismo de crecimiento y cambio, y al darnos cuenta de lo que nos sucede en la enfermedad, tenemos cierto control y podemos marcar la diferencia con nuestra actitud y aceptación del proceso. Si se está muy enfermo, al preocuparse por eso, se empeorará, pero hay personas que están realmente muy enfermas y que, por aceptación, han ganado algo del aroma del bienestar.

Son hechos cotidianos que tienen análogos y raíces en un reino causal de ideación e imaginación creativa que da forma y moldea al vehículo sutil, a través del cual podría tener lugar una transmisión de la luz inmortal, indestructible e inagotable del *Logos* que está en cada hombre y vino al mundo con cada niño. Es el resplandor de *Shekinah*, el *nur* (luz) de *Allah*, la luz de San Juan. Es una luz que parece oscuridad y no debe confundirse con aquellas cosas que tienen glamour en el plano sensorial. Para derribarlo o hacer que transmita a través del reino causal y se convierta en un *tejas* vivo o energía de luz que emite de los dedos y todas las ventanas y aberturas del cuerpo humano, por supuesto, está pidiendo mucho. Pero lo que uno pregunta es significativo, y tenemos que tratar de entenderlo.

Es tan importante en esta búsqueda seguir haciendo preguntas, tanto sobre el aprendizaje en la meditación como sobre los repetidos intentos y fracasos para adquirir autoconocimiento, que eso en sí mismo produce un gran descubrimiento. Hay un factor crítico o un rol determinante que puede asignarse a lo que *La Voz del Silencio* llama el principio de tamizar. "'Gran Tamiz' es el nombre de la 'Doctrina del Corazón'." La relación entre significado y experiencia, que en la definición de perspicacia de Platón es la capacidad de aprendizaje del alma humana, es lo que permite a un hombre aprender de una experiencia lo que otro hombre no aprenderá en la vida. Lo vemos a nuestro alrededor. A menudo nos vemos repitiendo los mismos errores y en otros puntos nos sentimos aliviados de que finalmente hayamos aprendido algo lo suficientemente bien. Ese es el "factor x", el misterio de cada ser humano, la capacidad de aprender cuando es difícil. Saber decir: "No quiero engañarme a mí mismo". Así, un hombre construye una plataforma elevada de confianza que es auténtica y estable porque el hombre en el apogeo de la búsqueda es un hombre de confianza suprema que ya no es personal. Es la confianza del universo, y él la encarna. Se convierte en un agente consciente de la voluntad colectiva y creativa en el universo. Lo que eso significa en otro sentido es el olvido espontáneo de uno mismo. Está tan seguro de que no tiene que reclamar nada. Puede olvidar el nombre y la forma. Puede darse el lujo de no pensar en el pequeño "yo", porque ha aceptado y heredado, ha llegado a encarnar, renunciar y disfrutar de la totalidad de un universo de posibilidades infinitas. Adquiere la capacidad psicológica para mantener una relación significativa entre un universo de abundancia ontológica, análogo a un reino de luz ilimitada donde el dar no se agota, y un universo de escasez, una región de materia finita donde hay que tomar decisiones difíciles y donde moverse en una dirección es negar otra, tomar una cosa es renunciar a otra y usar el tiempo o la energía de una manera es negar su uso de otras maneras. No ver esto último es ser un tonto. No ver lo primero es negarse la oportunidad de disfrutar y actualizar la potencialidad y la abundancia del universo en cada hombre.

En lugar de deprimirnos por no poder hacer más que meditar en pequeño y por estar expuestos una y otra vez a entrar en la nube de fantasía de cuco a la que tenemos que renunciar, debemos decir: "Persistiré". Lo importante en la meditación es la continuidad de la conciencia. Todos los intentos de meditación son meramente intentos fallidos de construir una línea de meditación de la vida. Un ser que lo hace completamente, como el Buda, podría decir cuando se le pregunta si era un hombre o un dios: "Estoy despierto". Estar completamente despierto es difícil. Estamos parcialmente despiertos y parcialmente dormidos. Uno solo medita completamente cuando se está totalmente despierto y no se puede estar totalmente despierto excepto cuando se está en relación con el Uno que está oculto - la realidad suprema que no tiene forma, que nunca mostrará su rostro y, sin embargo, que puede incluir todos los rostros y asumir todas las formas. El Uno está completamente despierto solo cuando puede conocer la proporcionalidad y asignar con precisión la realidad relativa a todo. El Uno debe poder decir: "Sí, eso es verdad. Puedo entender a Eichmann. Sé que hay algo en mí que puede ser el embrión de un Hitler. También sé que hay algo en mí que me hace sentir cerca de Cristo". Entonces, un hombre puede expandir su concepción del Ser, de modo que nada exterior le moleste o atraiga de lo que no puede ver en sí mismo análogos exactos y genuinos. También puede decir: "En algún lugar, entiendo, en la raíz misma de mi naturaleza, cómo sería visualizar la Edad de Oro, donde todos los hombres se bañan consciente y continuamente en la gloria divina del mediodía". Como dijo Paul Hazard: "Mientras haya niños, habrá una

Edad de Oro". Todos podemos intentar crear imágenes mentales de la Edad de Oro, y hacerlo es profundamente terapéutico, individual y colectivamente.

La tradición Gelugpa, que parece tan exigente, tiene puntos de contacto para todos nosotros con nuestra vida cotidiana. Se podría decir que meditar es eliminar los obstáculos a la continuidad de la conciencia causados por las modificaciones de la mente. Tenemos que seguir haciéndolo una y otra vez. Lo haces mucho mejor cuando te sientas y te preparas adecuadamente, pero sobre todo lo haces mejor cuando meditas en el bien universal, como lo enseñó Platón. Cuando te sientas a meditar sobre el bien universal, que no puedes conceptualizar y que incluye y trasciende todas las concepciones de bienestar y bienes particulares, puedes liberarte de una gran tensión. Pero no puedes quedarte allí mucho tiempo sin el peligro de quedarte dormido, de volverte pasivo, de fantasear. Tienes que retirarte en el momento adecuado. No querrás relajarte diariamente, y menos aún estar ansioso y conformarte con imitaciones. Quieres lo real aunque sea por un momento. Cuanto más lo haces, más respiras. No tienes control sobre la respiración, pero afortunadamente la mayoría de las veces tu respiración puede cuidarse sola.

¿Qué pasa con la respiración mental? Ahí es donde se necesita disciplina con respecto a la meditación. Puedes hacer algo con respecto a la respiración mental desordenada y no regulada, la forma en que recibes el mundo de los objetos y en el que olvidas esa conciencia que tienes de lo que está oculto. A menos que puedas regular esta respiración mental, no puedes reírte de manera auténtica y mirar los absurdos y debilidades de tu ser inferior y hacer que sea realmente significativo para decir: "Soy más de lo que piensas. Soy más de lo que nadie más entiende". Y también lo son todos los demás". No sólo eso, sino que esto se puede ampliar. Uno puede estar convencido en la hora más oscura, como los hombres en los campos de concentración, de que hay algo profundamente precioso en el sentido individual de ser humano. Uno puede estar orgulloso de lo que sabe en algún lugar que tiene que dar al mundo, que puede ser un auténtico regalo para toda la humanidad. Cuando uno puede estar legítimamente orgulloso de eso y aumentar el contenido de ese conocimiento, deja de ser un sentimiento. Entonces uno no tiene miedo de nada en uno mismo. Entonces uno puede entender y regocijarse en la declaración de Luz en el Sendero: "(...) ningún hombre es tu enemigo, ningún hombre es tu amigo. Todos son tus maestros".

La vida es una escuela. Es un aprendizaje eterno y en cualquier momento solamente tu puedes determinar cuánto has mejorado como aprendiz. Uno llega a ver que, si bien toda la vida es un maestro de concentración, que toda la vida también dificulta retener el poder necesario para volverse continuo en la propia conciencia. Es decir, eres inmortal y mortal. No es fácil recuperar la inmortalidad mientras eres consciente de que eres mortal. Puedes hacerlo en un nivel de una manera a la vez. Puedes sentirlo en otro momento en un cierto estado de ánimo. Sin embargo, para hacerlo realmente, debes conocerlo en el sentido clásico definido por Plotino: por razón, por experiencia y por iluminación, independientemente y por cada uno. De lo contrario, solo tienes medio conocimiento. Saberlo mentalmente no es suficiente, aunque es importante. Saberlo en términos de una experiencia máxima, aunque muy grandiosa, no es adecuado para las demandas de la vida. El hecho de que no podamos saber de forma independiente mediante un llamamiento a la iluminación, la razón y la experiencia es decir que no sabemos nada. Sin embargo, lo que buscamos potencialmente incluye todo el conocimiento. Estas son paradojas que se convierten en realidades, verdades sobre la conciencia, porque la conciencia no conoce limitaciones. El poder de identificación, el poder de proyección, el poder de hacerse uno mismo, de la reflexión auto analítica o *svasamvedana*, es inmenso. Puede desempeñar roles y, si puede desempeñar todos los roles, también puede desempeñar el papel de Cristo. Puedes desempeñar el papel del Buda. Pero no puedes comenzar a entender lo que eso significa a menos que también puedas reconocer lo que es jugar el papel de Hitler y, además, lo que significa ser el *Kutastha*, el que no juega ningún papel.

Hay una integridad en esta búsqueda que es coeval con toda la vida. Nadie puede reducirlo a una técnica. Es una enseñanza muy hermosa. Nunca podría haber suficiente tiempo, ni podría tener sentido suponer que alguien podría contarle a alguien completamente lo que está involucrado. Al final, cada uno tiene que sumergirse en la corriente. Cada intento de meditación dentro del contexto de la meditación universal, y cada intento de autoconocimiento dentro del contexto del concepto más completo de autoconocimiento, es un trampolín significativo. Puede llevarse adelante en un incesante proceso de alquimia. Una vez que decidimos no conformarnos con la salida más fácil, una vez que probamos la alegría de la dureza del Camino, también encontramos que es divertido. Es agradable. Uno realmente puede decir que incluso disfruta sabiendo sus fracasos. Entonces se puede caer en otra trampa. Uno puede disfrutar demasiado de estar consciente, pero si lo hace, la vida lo corregirá. De repente miraremos y descubriremos que estamos listos para sumergirnos nuevamente en el abismo.

Todo esto son representaciones de lo que en realidad es un proceso de construcción, a partir de las repetidas muertes de nuestros vehículos, ese tejido de materia estable, sutil y radiante que puede ser habitada por la idea incesante y la contemplación universal, para poder ser un hombre de meditación que pueda vivir como y para cualquier otro ser. Eres un Bodhisattva. Puedes convertirte en un Buda. No es posible decirlo para nosotros mismos, excepto en el contexto de una comprensión genuina. De lo contrario, es falso. Por lo tanto, por supuesto, necesitamos maestros. Los mejores Maestros nos dan la confianza de que tenemos acceso, cada uno de nosotros, pero dentro de nosotros, a ese santuario triádico que se convierte en la puerta de entrada a la tríada cósmica. Entonces podemos decir, como lo hicieron los antiguos arios, *Atmanam atmana pasya*: "Ve el ser universal a través de tu propio ser inmortal". El tema es de reafirmación, pero es una reafirmación que solo podemos recibir de aquellos que, como lo afirman, pueden hacernos creer. De eso nunca podríamos ser jueces, porque nunca sabríamos si el problema estaba en nosotros o en ellos. Pero si somos lo suficientemente serios lo sabremos, aunque cometamos errores. Diremos: "Es real. No solamente me habla a mí, sino que habla dentro de mí. Estoy escuchando una voz que es la voz de mi propio Yo". Cuando eso se vuelve real para un hombre, de hecho, es bendecido. Entra en ese tipo de iniciación y alcanza ese umbral más allá del cual la búsqueda será extremadamente desafiante, pero de la que no puede retroceder.

Tal punto existe. Llegar a ese punto es posible. Es el gran don inestimable de aprender la verdad sobre la meditación y el Ser que dan todos los grandes textos, que se utilizó durante largos períodos de tiempo como base de una disciplina en santuarios secretos de iniciación, y que tenemos en *La Voz del Silencio*, la voz de *Brahma Vach*. Es posible que cualquier persona haga de la sabiduría de este libro un poder viviente en su vida. Entonces no tiene que estar desperdiciando energía y tiempo en lo que piensa de otra persona, porque eso ya no importa, ya que ya no hay ningún "alguien más". Se ha convertido en el Uno. El buscador se ha convertido en el objeto de su búsqueda. No hay una brecha entre él como conocedor y lo conocido y el conocimiento. Los tres están en uno. Todos son uno al principio, pero inconscientemente para él. Autoconscientemente se vuelven uno nuevamente. Hasta que llegue a ese punto, o hasta que tenga un comienzo adecuado, que no pierda el tiempo corriendo en círculos, gastando energía, haciendo todo ese tipo de preguntas que realmente son las preguntas del hombre que nunca va a escalar montañas, que nunca va a nadar, quien nunca va a caminar. No se puede obligar a los cojos a caminar a menos que quieran caminar por este camino. Los enfermos no pueden ser curados a menos que deseen ser curados. Por lo tanto, estamos profundamente agradecidos con todos los Maestros de *Gupta Vidya* que una vez más nos dieron el conocimiento y la seguridad, la fe y la convicción, de que somos el Camino, que podemos sanarnos a nosotros mismos y que podemos convertirnos en lo que ahora nos parece imposible.

Podemos convertirnos en eso, no por nuestro propio bien, sino por el bien de todos y, por lo tanto, convertirnos en guías y ejemplares para aquellos que necesitan nuestra ayuda.

Toronto
9 de octubre de 1971

por Raghavan Iyer
Hermes, marzo de 1976

LUZ, AMOR Y ESPERANZA

La Luz es el primer engendrado, y la primera -- emanación del Supremo, y la Luz es Vida, dicen el evangelista y el cabalista. Ambas son electricidad -- el principio de la vida, el anima mundi, *que impregna el universo, el vivificador eléctrico de todas las cosas. La luz es el gran mago Proteico, y bajo la voluntad divina del arquitecto, o más bien de los arquitectos, los "Constructores" (llamados colectivamente "Uno"), sus múltiples y omnipotentes ondas dieron origen a todas las formas, así como a todos los seres vivos. De su pecho eléctrico hinchado, materia prima y espíritu. Dentro de sus rayos yacen los comienzos de toda acción física y química, y de todos los fenómenos cósmicos y espirituales; vitaliza y desorganiza; da vida y produce muerte, y desde su punto primordial surgió gradualmente la miríada de mundos, cuerpos celestes visibles e invisibles.*

La Doctrina Secreta, i 579

El *mantram* metafísico "La Luz es Vida y ambos son electricidad" sugiere una visión profunda que se realiza solo en los niveles más altos de meditación. Vacíe la mente de todos los objetos y sujetos, todos los contrastes y contornos, en un mundo de nombres, formas y colores, y podrá sumergirse en la absoluta Oscuridad Divina. Una vez en este reino de puro potencial, uno puede aprehender el noúmeno oculto de la materia, esa sustancia última o sustrato primordial que es la suma total de todos los posibles objetos de percepción de todos los seres posibles. Al mismo tiempo, uno puede aprehender al Espíritu como la totalidad de todas las posibles expresiones, manifestaciones y radiaciones de una energía o Luz divina central. En esa Divina Oscuridad, el reino del potencial ilimitado donde no existe nada, el amor es como la Luz que está oculta en la Oscuridad. Esa Luz es el origen de todo lo que está latente, de todo lo que surgirá y persistirá, todo lo que se apartará de la forma y permanecerá como rayos inmaculados.

Este reino primordial de Luz potencial y Vida potencial es también el reino de la energía potencial. En este reino pregenético - en el que no hay manifestación - uno puede aprehender una energía totalmente potencial que no produce ninguna interacción entre el Espíritu latente y la materia noumenal. Eso no es electricidad en ningún sentido manifiesto, ni ninguna fuerza que pueda interpretarse en términos de lenguaje ordinario o percepción del sentido común; es una corriente primordial. Incluso las concepciones más abstractas de la ciencia pura no pueden alcanzar este reino, en el que hay una vibración eléctrica cósmica tan fundamental y omnipresente que no se puede localizar ni caracterizar de ninguna manera en particular. De esa Oscuridad Divina, de esa Luz potencial, Vida latente y energía oculta, viene una manifestación. Hay un proceso de radiación y emanación en el que vuelan miles de chispas. Hay una fusión del rayo primordial inicial de la energía de la luz y las corrientes de vida latentes que libera pulsaciones, radiaciones y corrientes que fluyen en todas las direcciones.

En esa etapa del cosmos incipiente, *Gupta Vidya* afirma la presencia de grandes seres, grandes mentes y corazones, grandes almas perfeccionadas en períodos anteriores de evolución. Al permanecer despiertos durante la larga noche de no manifestación, sin tener ningún objeto de referencia particular y ninguna concepción particular en el estado de *Mahapralaya*, se mantuvieron en un estado de contemplación vigilante, incesante y armoniosa de todo lo que era potencial. Esos seres emergen con el florecimiento de la Luz y la Vida primordiales, la reverberación primordial de la energía divina en toda la esencia vidriosa del espacio. Se convierten en el instrumento de enfoque en lo que luego se conoce como Mente Universal o *Mahat*. Se convierten en la lente viva a través de la cual todo lo que está latente dentro de la noche de la no manifestación se agita en la vida activa. Esos seres perfeccionados, que luego son mitificados en todas las religiones del mundo como Budas Dhyani, Arcángeles, Señores de la Luz, se convierten en agentes conscientes de la dirección y se centran en un mundo emergente de particularizaciones primarias de una esencia que de otro modo es universal, puramente potencial y completamente homogénea. Por la meditación, se los puede imaginar como seres que disparan rayos de colores y emiten sonidos en escalas musicales transcendentales. Se puede pensar en ellos también como seres que pertenecen a siete clases: cada una correspondiente a una nota subliminal o un color. Se puede imaginar que tienen sus propias notas, colores y números diferenciados, pero también que unen y sintetizan las múltiples potencias del Logos manifestado. En ese estado ontogenéticamente anterior, justo antes de la manifestación, hay un campo sutil tremendo, una energía eléctrica precósmica que a veces se llama *Daiviprakriti* -- la Luz noumenal del Logos.

En el mundo de la manifestación visible, los fenómenos que se identifican como electricidad y magnetismo, luz y calor, son efectos observables de esa radiación *Logoica* primaria. Por más gigantescos y titánicos que sean, no son más que sombras de materia suprasensible en movimiento en un plano noumémico antes del reino de los fenómenos. El estudio de la energía de la luz en la manifestación involucra curvas y relaciones complejas y requiere el uso de muchas categorías e instrumentos. Este es el ámbito de la difracción y difusión, de la reflexión y la refracción, en el que existen posibilidades complejas debido a la interferencia y la superposición de ondas sobre ondas de energía luminosa. Es simultáneamente el reino de los fotones, partículas de energía luminosa que viajan a una velocidad increíble, de modo que la luz de la luna llega a la tierra en un segundo. La noción de la luz como una agencia compleja, aunque prácticamente instantánea, que tiene un impacto en todos los niveles del cosmos, agita el corazón mucho antes de que la mente pueda captarlo realmente. El corazón comprende el significado vital de la vida porque resuena a lo que es primordial, omnipresente e instantáneo. Dentro de cada corazón humano arde un fuego de luz-sabiduría y amor-compasión, *Prajna* y *Mahakaruna*. Al principio, esa chispa del Fuego Único parpadea irregularmente en el neófito, pero puede encenderse en una llama poderosa que arde vigorosa, constante e incesantemente. En su plenitud, dirige y guía a los individuos en la aplicación expansiva y sabia de la energía ilimitada que fluye de los insondables amor-compasión y luz-sabiduría dentro del corazón espiritual. El corazón monádico de cada ser humano es un espejo exacto del corazón del cosmos, ese seno eléctrico hinchado del cual emerge la doble corriente de materia espiritual.

> El Sexto principio en el hombre (*Buddhi*, el Alma Divina) aunque un simple aliento, en nuestras concepciones, sigue siendo algo material en comparación con el "Espíritu" divino (*Atma*) del cual es el portador o vehículo. *Fohat*, en su capacidad de AMOR DIVINO (*Eros*), el Poder eléctrico de la afinidad y la simpatía, se muestra alegóricamente como tratando de llevar al Espíritu puro, el Rayo inseparable del UNO absoluto, a la unión con el Alma, los dos constituyentes en el Hombre, la MONADA, y en la Naturaleza el primer vínculo entre lo siempre incondicionado y lo manifestado.

> *La Doctrina Secreta*, i 119

La presencia de esa Luz divina, Fuego y Llama dentro del corazón secreto significa que cada ser humano es capaz de ver e iluminar una esfera de existencia mucho más vasta de lo que normalmente está preparado para habitar conscientemente. Del mismo modo, cada ser humano tiene una capacidad mucho más rica y profunda de amor sin esfuerzo de lo que él o ella imagina, amor espontáneo y desinteresado, sin pedir nada y dispuesto a dar de forma libre, amable y generosa a todos. Sin embargo, poco de ese inmenso amor y energía de luz tiene la oportunidad de aparecer en un mundo de máscaras y sombras, un mundo de mentiras, miedos y soledad personal. Tal es la situación de la humanidad. Sin embargo, esa misma humanidad huérfana, que apenas ha comenzado a aprovechar una fracción diminuta de su potencial ilimitado e insondable, puede hacerlo si busca mantener una concepción de la existencia que vaya más allá de todas las divisiones y dicotomías habituales. Hay que trascender distinciones como la juventud y la vejez, los roles sociales y las etiquetas externas. Aunque la mente se ha embotado y el corazón se ha contaminado, uno debe desaprender todos los hábitos sofocantes y ser capaz de retirar la mente y el corazón de las lealtades falsas y fugaces. Solo así se puede restaurar la plasticidad y la resistencia en la mente y el corazón.

En diversas sociedades en diferentes momentos de la historia registrada, aquellos que buscan han tratado de enfrentar este desafío mediante la disciplina monástica sistemática. Han tratado de ayudarse mutuamente y de obligarse a sí mismos a seguir reglas, votos y promesas inexorables. A través de un refuerzo repetido de esas resoluciones fundamentales, han tratado de desarrollar una forma de vida dirigida a la auto regeneración espiritual. Sin embargo, a pesar de eso, esas instituciones monásticas, que florecieron durante un tiempo, invariablemente se degeneraron. Perdieron el impulso y la gente quedó atrapada simplemente en la imitación, en jugando juegos y en rituales de mimética hueca. La lección de este patrón repetitivo es que ninguna cantidad de reglamentación en el exterior puede funcionar a menos que se corresponda con suficiente concentración y continuidad de la ideación a través de la meditación desde adentro. Uno no puede obligar a otro ser humano a convertirse en hombre o mujer de meditación. Un ser humano tiene que mantener un deseo de hacerlo, y el deseo debe ser suficientemente fuerte como para permitirle ver a través de la farsa y saber qué es falso y engañoso en este mundo.

Cada ser humano debe llegar a una reflexión profunda sobre el significado de la muerte y su conexión con el momento del nacimiento. Y cada ser humano debe tomar por sí mismo o sí misma una decisión que le permita emprender, por libre elección, un conjunto de prácticas espirituales. De vez en cuando, estos ejercicios que se han elegido, resultarán extremadamente exigentes, y solo pueden sostenerse con el impulso de una tremenda motivación. Como todos los grandes benefactores de la humanidad han enseñado, debemos estar listos para renunciar a todo por el bien común. A menos que uno libere una motivación que sea universal, arraigada en el amor a toda la humanidad, no es posible mantenerse en el Camino espiritual. Apresurarse en una pretensión de que se ama a toda la humanidad es fatal. En cambio, aunque llevará tiempo, uno debería detenerse una y otra vez en la naturaleza sublime y extraordinaria de esa motivación fundamental y global que está representada por la Promesa de Kwan-Yin y el Voto del Bodhisattva. Solo a través de esa motivación, auténticamente liberada y mantenida intacta, puede haber un despertar de la chispa de la *bodhichita*.

El amor redentor de la parte por el todo nace del alma inmortal. Es de origen inmortal y es la participación del individuo en lo que es universal e inmortal. Detrás de todas las modificaciones y manifestaciones de *prakriti* está *Purusha* -- el único Espíritu universal indivisible conocido por muchos nombres. Es indestructible, sin principio y sin fin. Es en sí mismo un reflejo prístino de la esencia misma de la Oscuridad Divina. La chispa o rayo de ese Espíritu dentro de cada alma humana es el poder del amor. Puede iluminar la mente e iluminar el corazón siempre y cuando uno esté listo para renunciar a todo, cuando se esté dispuesto a estar solo y de todo corazón, con una sola mente y una sola dirección. Entonces ese amor se convierte en una forma de sabiduría, un rayo de luz, que nos asegura en la hora de la necesidad, y de la aparente pesadumbre, que hay esperanza. Nos dice a dónde ir y qué hacer, y aconseja si es necesario pararse y esperar. Da una inmensa paciencia por la cual se pueden reconocer esas tendencias que se interponen en el camino de liberar esa energía espiritual. Hay algo en la naturaleza inferior que quiere agarrar y apoderarse, que al mismo tiempo es inseguro y voluble, inseguro de sí mismo y deseoso de algo del exterior. Hay que aprender a esperar, a renunciar y minar ese lado que es el más débil, si se quiere liberar al más fuerte.

Mientras tanto, antes de que uno sea capaz de liberar la verdadera fuerza del corazón, y mientras todavía se está bajo el control de lo que es más débil, es posible aprender. Se pueden descubrir los patrones, las inestabilidades y las vulnerabilidades de la naturaleza.

Sin embargo, este proceso de aprendizaje diagnóstico no puede hacerse realidad a menos que esté equilibrado por una profunda adoración de aquellos Dhyani Buddhas que sostienen el cosmos. Se debe colocar deliberadamente la mente y el corazón dentro del campo magnético de atracción del ideal, el poderoso Anfitrión de Dhyanis y Bodhisattvas. Uno puede pensar en ellas como galaxias de seres iluminados que son fuerzas cósmicas, hechos vivos en la Naturaleza invisible y, al mismo tiempo, ejemplares brillantes para la humanidad en el mundo visible. Al escuchar sobre ellos y al estudiar los textos sagrados y las tradiciones nobles que han preservado sus Enseñanzas, se puede comenzar a asimilar la forma de vida ejemplificada por tales seres. Por lo tanto, se puede aprender a vivir en un estado de aprendizaje y de dejar ir, aprender alegre y vigorosamente mientras al mismo tiempo se deja ir lentamente al yo voluble, temeroso y furtivo. Después de un punto, no se puede ni siquiera concebir vivir de otra manera; no encuentra una profunda satisfacción en este estilo de vida y, como resultado, puede mirar al mundo no como un receptor sino como un donante. En la soledad de la propia contemplación, uno naturalmente pensará en corazones hambrientos y almas descuidadas a quienes puede tratar de llegar a través de un ardiente anhelo del corazón y a través de un pensamiento intenso.

Al respirar en nombre de los desheredados del mundo, uno puede convertirse en un mensajero de esperanza para los demás. Todos han tenido la experiencia, en períodos oscuros de duda y desesperación, de recibir un repentino destello de inspiración y esperanza. La gratitud por esa luz misteriosamente recibida puede convertirse en la base de una fe y confianza de que uno puede dar luz a los demás. Si uno persiste en la propia soledad en pensar en todos aquellos seres desheredados, pero dignos de su compasión, puede alcanzarlos en su sueño profundo. A través de la fuerza de lo que George William Russell llamó The Hero in Man, se les puede dar esa esperanza o gracia salvadora que los sostendrá, sea cual sea su condición. Así, uno forma enlaces magnéticos invisibles con otros seres humanos, canales de transmisión que pueden moverse en cualquier dirección. Hacerlo es ir más allá de cualquier concepción de salvación individual o progreso basado en una noción personalizada y localizada de amor o luz. Uno aprende cómo moverse hacia el sol para que la sombra disminuya, y comienza a comprender qué es pararse directamente bajo el sol y no proyectar sombras. Al liberarse de la preocupación propia, adquiere verdadera confianza en la capacidad de alcanzar y ayudar a los seres humanos sin importar a qué distancia. Al dejar de lado todas las etiquetas externas, símbolos y falsas pruebas de amor y luz, uno está preparado para tomar el sol, por así decir, en la luz y la verdad supremas, la sabiduría y la compasión ilimitadas del Sol Espiritual.

La entrada a esa luz debe entenderse no solo en términos de una metáfora mística. También está vinculada a la presencia de seres reales que se han convertido en Bodhisattvas de Compasión, rayos que fluyen de una energía cósmica como *Avalokiteshvara*. Como el señor que mira desde lo alto, *Avalokiteshvara* puede verse sentado en una contemplación y tranquilidad total, envuelto en un extraordinario halo dorado de perfecta pureza y amor. Mantiene dentro de la mirada de su ojo supervisor a toda la humanidad. Meditar sobre este paradigma de todos los *Tathagatas* y predecesores, *Budas* y *Bodhisattvas*, es restaurar el sentido de la abundancia ontológica del reino espiritual. Así, se pueden trascender las concepciones limitantes de la historia evolutiva de la humanidad o la falsa noción de que la espiritualidad humana depende por completo de los eventos localizados en el pasado. Por el contrario, se conoceá que la humanidad es extremadamente antigua, algo que se extiende por millones y millones de años y que es sostenida en miles de formas por innumerables salvadores, ayudantes y maestros. Muchos de ellos eran humildes vagabundos en aldeas que no tenían marcas externas, no llevaban etiquetas y no hacían reclamos. No obstante, ayudaron y elevaron el corazón humano, les dieron esperanza a los demás y luego siguieron adelante. Sus vidas son un testimonio ininterrumpido y vivo de la omnipresente fuerza y presencia en la tierra de la Tribu de los Héroes Sagrados.

Elevar la vista hacia esa perspectiva extraordinariamente universal es comenzar a ver que muchas preguntas que antes eran molestas ya no son difíciles. Tan pronto como se piensa en el amor de forma separadamente o en términos de contextos bilaterales, se piensa en términos de intenciones particularizadas y conceptos externos de la voluntad. Esa voluntad concreta está vinculada a probar algo, mostrando determinación en un contexto, principalmente a través de la verbalización y el paso al acto. En cambio, si piensa en términos de vastas huestes colectivas de seres, uniendo a toda la humanidad a través de lazos invisibles, uno se acerca a una idea de la voluntad como una fuerza universal e impersonal. Al insertarse en la hermandad invisible de los verdaderos ayudantes de la humanidad, uno puede aprender a hacer lo que puede, de acuerdo con la medida, el grado y la profundidad de su conocimiento y sentimiento, sin generar una falsa concepción de la voluntad.

En cualquier cosa que uno haga y en cualquier forma que uno libere la voluntad superior, simplemente se está extrayendo una cierta porción de una fuente inagotable y universal. Si uno lo comprende bien, uno no se pedirá extraer de ella más de lo que de hecho puede usar, o más de lo que uno puede sostener adecuadamente. En otras palabras, se comenzará a ver a través de los trucos jugados por la mente humana, que es el gran engañador y el adversario en el hombre, cuando trata de escapar de lo que se puede hacer exigiendo más. Cuando la mente insiste en que debe saber si su parte de amor y luz es adecuada en relación con su objetivo o autoconcepción, se convierte en el gran engañador y ocultador de la luz y el amor que están latentes en cada alma humana. Muchas preguntas supuestamente filosóficas y preocupaciones espirituales no son más que lo que los budistas llaman *attavada*, la terrible herejía de la separación. Reflejan el error filosófico de suponer que todas las tendencias, deseos y pensamientos propios forman un tipo de entidad que es cohesiva y persistente y, sobre todo, aislada del resto de la humanidad. Es una ilusión. No existe tal entidad. No se puede ubicar un verdadero sentido de identidad en este conjunto de tendencias caóticas, siempre cambiantes y de segunda mano.

En cambio, este conjunto de *skandhas* representa la participación kármica de una persona en las acumulaciones colectivas de tendencias de toda la humanidad. Se podría decir que todos los seres humanos han contribuido al crecimiento de las malas hierbas, y cada ser humano tiene participación en las malas hierbas del mundo y puede tomarlas en sus manos y contarlas. Al mismo tiempo, cada ser humano tiene que encontrar y sembrar las semillas de la sabiduría y la compasión. Eso solamente se puede hacer cultivando la paciencia y el poder de esperar, arraigados en la voluntad de trabajar con los ciclos de la Naturaleza. Como el profeta enseña en *Eclesiastés*, hay diferentes estaciones: tiempo de sembrar y tiempo de cosechar, un tiempo para vivir y un tiempo para morir. Eso es cierto con respecto a todas las manifestaciones del amor, y los más sabios saben que el amor más profundo está más allá de la manifestación. Como escribió Maeterlinck, hay silencios amorosos tan profundos que lo inexpresado fluye con una continuidad ininterrumpida a través de las barreras del tiempo y el espacio. Este amor más profundo a menudo se pierde debido a una preocupación por lo que se puede demostrar, lo que se puede aumentar, mitigar o comparar. Para recuperar el potencial perdido del alma, uno debe repensar lo que es real. Por un lado, tenemos lo que es universal e incluye todo lo que es potencial. Por otro lado, tenemos la colección completa de expresiones y manifestaciones particulares, episódicas y finitas. A pesar de vastos, al final son limitados en relación con el contenido inagotable de amor y luz dentro del alma inmortal de cada ser humano y en el corazón de todo el cosmos.

Al aprender a pensar de esa manera, uno puede comenzar a discernir una belleza inmensa en la idea de que todo ser humano está vivo y puede amar. Lo vemos en el simple acto de respirar. La mayor parte de eso es inconsciente o no está relacionado con ningún deseo o demanda en particular. Pero en el caso de los seres más sabios, los maestros más iluminados de la compasión, esa respiración es conscientemente benevolente y universal. Habiendo tomado conciencia de la enorme energía potencial dentro del corazón del cosmos, son capaces de dirigir y canalizar hábilmente esa energía a un gran número de almas. Han aprendido cómo ayudar a personas particulares en momentos particulares solo a través de pruebas y errores – a lo largo de la vida. Han reconocido las consecuencias proliferativas de hacer demasiado o no hacer lo suficiente. A través de la práctica, durante millones de años y miles de vidas, los *Bodhisattvas* se vuelven inteligentes y hábiles en la aplicación de la sabiduría, compasión, luz y amor.

Para poder siquiera comprender tales posibilidades en tales seres, y más aún, para poder avanzar en esa dirección, hay que sacudirse las divisiones convencionales entre la cabeza y el corazón. Se supone, a menudo, que es importante que la mente se vuelva más aguda, más inteligente y lista. También es común pensar que el corazón es sentimental. Ambas nociones se basan en conceptos erróneos. En las sutiles vestimentas de los seres humanos, en lo que se llama el corazón espiritual, se encuentra la base de la más alta inteligencia, ideación y creatividad. Por lo tanto, desde el punto de vista espiritual, uno no puede activar ninguno de los centros superiores del cerebro a menos que primero haya despertado una chispa de fuego en el corazón espiritual. Muchos seres humanos son capaces, esporádicamente, de liberar poderes extraordinarios, habilidades y destellos geniales. Esas habilidades intermitentes representan una condición desequilibrada que es un reflejo del exceso y la deficiencia en vidas anteriores. Están acompañados por una frustración kármica por no poder aprovechar y recuperar el conocimiento conscientemente, y esas personas tienen que aprender lecciones difíciles antes de que puedan crear nuevos y mejores equilibrios dentro de sí mismos.

De ahí la importancia, especialmente con los niños, de evitar un énfasis indebido sobre la mente y desarrollar, en cambio, un sentido del corazón. En lugar de fomentar una inclinación obsesiva a calificar la mente, se debería fomentar una concepción evolutiva de excelencia en relación con el corazón. Eso no sucede automáticamente; a menos que uno se vuelva intrépido y corajudo, no se puede liberar la potencia y la fuerza espiritual en el corazón. Uno debe educar al corazón en la mejor verdad que se conoce. Esa verdad incluye la mortalidad del cuerpo, la inmortalidad del alma y los medios para hacer que esa alma inmortal funcione dentro de un cuerpo mortal. Es crucial darles a los niños algunas de las verdades fundamentales de la Sabiduría Divina, y en particular enseñarles no solamente a mirar las cosas en términos de hoy y de mañana, sino más bien en términos de sus mejores impulsos y sus impulsos más generosos. Durante toda una vida de aprendizaje, tales enseñanzas pueden proporcionar la base de la auténtica intrepidez y la verdadera universalidad en la compasión y el amor. Hay que incluir en el corazón a las personas que no se ven. Hacerlo requiere una imaginación activa, en última instancia, una capacidad para visualizar a toda la humanidad. Eso implica un equilibrio dinámico entre la contemplación de todos los seres que existen en esa tierra y las relaciones de uno con los que están cerca.

En la práctica, eso requiere simplificación y un desarrollo de precisión, que está en el origen de toda etiqueta y buenas maneras. Hay que aprender a no exagerar con las personas que están muy cerca. Hacer menos es hacer más. Así, se tendrá una gran oportunidad para mantenerse intacto, sin entrar en síndromes de expectativa excesiva y desilusión rápida. Mientras se mantiene una mayor estabilidad en las relaciones con los que están a su alrededor, se verá, al mismo tiempo, más allá de ellos. Se desarrollará una preocupación por tomar su lugar en la familia del hombre y convertirse en lo que se llama en la tradición budista un hijo de la familia Buda. Al igual que los Bodhisattvas y los Budas, uno está dispuesto a pensar en términos de servir a todos los seres en la tierra. Eso no es algo que se pueda contemplar o emular en poco tiempo. En cambio, requerirá una renovación repetida. Tendrá algún impacto en el momento de la muerte y también un efecto distinto sobre el tipo de nacimiento que se tendrá en la próxima vida. No de inmediato, pero eventualmente, cambiará la corriente y el tropismo, la tonalidad y el color, de las variadas relaciones con las vestimentas y su uso.

Al obtener esa precisión, uno se volverá más libre y, al mismo tiempo, será más capaz de ayudar a otros seres humanos. La propia mente se vuelve más dispuesta, vibrante y versátil al convertirse en un servidor obediente de un corazón que ha encontrado una profunda paz en sí mismo. Una vez que el corazón ha descubierto dentro de sí mismo su propio fuego secreto, puede, a través de diversas formas de meditación y oblación diaria, activar ese fuego. Ya sea que se llame a eso el fuego de la devoción, *tapas*, sabiduría o verdad, esos son solo diferentes aspectos de lo que finalmente es el fuego de los Misterios. Es el fuego que representa la soberanía inmortal y autosuficiente del alma humana individual. Es capaz, en principio, de convertirse en un espejo autoconsciente de todo el cosmos. Por lo tanto, también es capaz de llegar desde el santuario más íntimo y afectar, aprender, enseñar y ayudar a todo lo que existe. Eso requiere un entrenamiento deliberado y sistemático debido a los diversos tipos, velocidades y niveles de comunicación entre los seres basados en las vibraciones del reino del corazón. Cuanto más hábil se vuelve uno para usar las oportunidades kármicas para participar en los modos parciales de amor y aprendizaje de este mundo, más se aprende a derramar un poco de luz para unos pocos seres humanos sobre algunas cosas, al tiempo que se mira incesantemente más allá del propio horizonte hacia el potencial ilimitado dentro de todos.

Eventualmente, uno puede llegar a un punto en el que tiene el gran privilegio de no ver más maldad y limitación porque han perdido su fascinación. Realmente no son más que una representación grotesca de confusión, error y engaño, en última instancia basados en el cautiverio a la ilusión. Son inútiles y miopes y duran poco. Pero mientras haya elementos en tantos seres que les dejen atrapados en consideraciones a corto plazo, el mal y la limitación se agravan. Al principio, pueden parecer un monstruo increíblemente potente, pero uno luego uno ve que eso no es cierto. Esa es una forma de protección para aquellos que están en el Camino y preocupados por el trabajo real de la raza humana. Ese trabajo es continuo, aunque está oculto por una corriente de invisibilidad, porque la mayoría de las personas simplemente están atrapadas en las imágenes y sonidos externos de la realidad. Son cautivos de exageraciones de forma, limitación y maldad. De ahí la importancia, a nivel individual, de que cada ser humano diga, como Jesús, "Apártate de mí, Satanás" – pero uno debe hacerlo por sí mismo.

Mientras haya luz, habrá sombra. Sin embargo, cada ser humano puede en cualquier momento apartar su rostro de la sombra y mirar hacia la luz del sol. Cuando se está con otras almas, uno puede preguntarse: "¿Amo a los demás más que a mí mismo? ¿Tomo menos y doy más a los demás? ¿Realmente me acerco a mí mismo, a mi mente y corazón, y también en mis actos? ¿Hacia otros seres humanos? En la forma en que miro a otros seres humanos, ¿puedo saludar a lo Divino dentro de ellos? ¿Puedo arrojar luz y también estar agradecido por la luz que recibo diariamente de los demás?" Al hacer preguntas de este tipo, se puede percibir que todos los incrementos de cambio se vuelven significativos. La vida no solo merece ser vivida, sino que merece ser consagrada. La mente y el corazón recuperan la inmanencia del ideal del Amor y la Luz sin límites.

por Raghavan Iyer
Hermes, marzo de 1985

EL MISTERIO DEL EGO

Si no sentimos nuestra muerte espiritual, ¿cómo deberíamos soñar con invocar la vida?

Claude de St. Martin

La prueba segura de que los individuos han comenzado a ascender a planos superiores de conciencia es que encuentran una fusión creciente de sus ideas y sus simpatías. La amplitud de la visión mental se apoya en la profundidad del sentimiento más íntimo. Las palabras son inadecuadas para transmitir esos modos de conciencia. Los místicos no pueden comunicar fácilmente la inefable unión de la cabeza y el corazón que a veces se ha llamado matrimonio místico. Tal lenguaje metafórico velado a menudo puede referirse a centros específicos de conciencia en el cuerpo humano. Si el cuerpo es el templo viviente de una inteligencia divina encarcelada, el lenguaje metafórico de los místicos apunta a una sintonización y activación de centros interrelacionados en el cuerpo. Hay un corazón místico que es diferente en ubicación y función del corazón físico. También hay una semilla de intelección superior, "el lugar entre tus ojos", que es distinto de los centros del cerebro que están involucrados en la cerebración ordinaria. Cuanto más una persona sea capaz de mantener la conciencia en un plano que es más vasto en relación con el tiempo y el espacio, más sutil en relación con la causa y el movimiento, que la conciencia sensorial normal, más se activarán estos centros superiores. Como esto no puede tener lugar sin también despertar sentimientos más profundos, el significado original del término "filosofía" - "amor a la sabiduría" - es sugerente y significativo. Hay un nivel de energía liberado por el amor que se une con una profunda reverencia por la verdad *per se*. Esta energía libera una mayor capacidad para experimentar una sintonía autoconsciente con lo que está detrás de la fantasmagoría visible de toda la vida, acercándonos a lo que se está gestando debajo del suelo en las raíces ocultas del ser, y más cerca de los anhelos no articulados de todos los seres humanos Todos perciben este parentesco en los momentos críticos. A veces, en el contexto de una tragedia compartida o en un momento de crisis causada por una catástrofe repentina, muchas personas experimentan una unidad auténtica entre sí a pesar de la ausencia de signos de expresión tangible.

Poner en juego la imaginación creativa disciplinada y desarrollada es hacer mucho más que simplemente tener una conciencia pasiva de los momentos esporádicos de solidaridad humana. Estos momentos son solo expresiones intermitentes, imperfectas y parciales de capacidades más amplias en los ámbitos del pensamiento y el sentimiento. Para aprovechar plenamente estas capacidades es necesario que retiremos el apoyo de todo lo que es restrictivo. El Eros superior presupone una especie de Eros negativo, una retirada de la participación emocional exagerada en las cosas de este mundo, en las sensaciones y los objetos de los sentidos, en el nombre y la forma y en las personalidades en constante cambio. Ese retiro se basa en el reconocimiento de que hay una mentira involucrada en la emoción superficial, y una conciencia tranquila de una realidad nouménica que no se manifiesta. Darse cuenta de esto es prepararse para la posible liberación del Eros superior, pero esto es realmente difícil porque negar significa llegar a un vacío. No hay forma de retirarse de la espuma de la emoción psíquica y los enredos del razonamiento discursivo sin experimentar una inquietante soledad y un inmenso vacío en el que todo parece no tener sentido. Aunque es doloroso e incluso aterrador, esta es la condición necesaria a través de la cual el que busca debe pasar - si va a morir para que pueda renacer. El libro *La Voz del Silencio* enseña que "la mente necesita amplitud y profundidad y puntos para atraerla hacia el Alma del Diamante". Debe generar activamente estos vínculos mentales a través de la meditación profunda sobre el sufrimiento de la humanidad, viendo todos los esfuerzos individuales como parte de una búsqueda colectiva de iluminación, enfocándose con compasión en el sufrimiento universal que trasciende pero incluye todos los dolores y agonías de todos los seres vivos.

Cuando una persona puede conectarse y coordinar estos períodos de meditación deliberada y cultivo consciente de la compasión universal, y experimenta la vida ordinaria a través de estos contactos con el reino del no ser, entonces la purificación y renovación del templo han comenzado. Hay un hambre de grupos enteros de elementales, pequeñas constelaciones de materia a las que se les ha dado un color turbio y una impresión destructiva, y que forman la vestimenta astral. Estas matrices de frustración, limitación, ira y odio a uno mismo se reemplazan gradualmente por nuevos grupos de energía vital, fácilmente disponibles en toda la naturaleza, que están más en sintonía con las más altas concepciones abstractas del espacio, el tiempo y el movimiento. Por lo tanto, hay una mayor encarnación de la naturaleza divina interior. Todo cuerpo humano puede ser visto como una cruz mística sobre la cual se crucifica el Christos interior. Cultivar renovaciones radicales en las vestiduras a través de la mente concentrada y la imaginación disciplinada, al forjar conexiones entre puntos tocados en la meditación y en la vida cotidiana, es hacer posible, después del Getsemaní, requerido por el Karma colectivo, una manifestación más completa de Christos, el dios interior. Ese largo viaje coexiste y es equivalente con la totalidad de la vida y la totalidad de la humanidad. Cuando los individuos disciernen en su propia búsqueda una dimensión cósmica, la impersonalidad y el desinterés en sus esfuerzos se convierten en una auténtica afirmación de lo que potencialmente está dentro de todos. Es imposible aumentar la conciencia de lo que uno realmente es sin descubrir que la barrera entre uno mismo y otros seres se debilita. Hay una integridad interna en esta búsqueda, y, por lo tanto, no tiene sentido pretender que de repente, simplemente con palabras, gestos y rituales, uno puede llegar repentinamente a un amor universal por toda la humanidad. Por supuesto, algunas personas desesperadas, a través de drogas u otros medios, experimentan incinuaciones fascinantes de la maravilla de la vida o de su unidad. Estos son el resultado de aflojar temporalmente los tornillos en el complejo organismo psicofísico llamado cuerpo humano y no deben confundirse con la verdadera sabiduría. La diferencia crucial radica en la continuidad.

Cuanto más conscientemente se puede sentir la presencia universal del verdadero Yo, más se puede mantener la continuidad. Cuanto más se puede ver el momento de la muerte y su conexión con el momento presente, más se puede participar en el núcleo no manifestado de la búsqueda universal. Mientras la capacidad mística para sentir el Eros cósmico crece, el deseo de expresarlo disminuye. Aquellos que están atrapados en apariencias externas anhelan milagros mesiánicos y quieren tratar el universo como si pudieran manipularlo. Este es un obstáculo para la búsqueda. La búsqueda real tiene una integridad que se puede probar continuamente porque debe liberar una energía de compromiso con el todo. Así como es solo a través del cese de las revoluciones repetitivas de la mente inferior que se libera el pensamiento superior, es solo por el cese de los deseos limitantes en el plano heterogéneo de la percepción que se puede liberar el verdadero Eros.

El libro *La Voz del Silencio* nos enseña: "Esquiva la ignorancia, e igualmente esquiva la ilusión. Aparta tu rostro de los engaños del mundo: desconfía de tus sentidos; son falsos. Pero dentro de tu cuerpo, el santuario de tus sensaciones, busca en lo Impersonal el *Eterno Hombre*; y después de haberlo buscado, mira hacia adentro: eres Buda". Trágicamente, el origen divino de la conciencia humana es olvidado con demasiada frecuencia por individuos que se dejan atrapar en "engaños mundiales". Al igual que las personas en una habitación con luz artificial olvidan la luz del sol, la conciencia, cuando se enfoca a través de una zona lúcida que apunta al reino de lo externo en una dirección, está en la actividad misma de la conciencia que cierra una conciencia mayor. Los seres humanos se refuerzan mutuamente al asignar la realidad a la punta visible de toda la vida, a lo que se mantiene y activa con palabras, nombres y deseos que tienen criterios públicos de reconocimiento que pueden cumplirse en el plano de los eventos externos. Por otro lado, un individuo que siente los rayos del Sol Espiritual, envuelto en la oscuridad del cielo de medianoche, se acerca a la sabiduría. Participar en los reflejos de las luces menores, al tiempo que conserva una reverencia interna hacia el océano cósmico de luz, es vivir en el momento con una conciencia tranquila de la eternidad. *La Doctrina Secreta* sugiere que lo que se llama luz es una ilusión sombría y que más allá de lo que normalmente se llama luz y oscuridad hay una Oscuridad nouménica que es eternamente radiante.

En el enfoque de la conciencia en el plano de diferenciación, el proceso se divide en formas y colores, momentos de tiempo, campos del espacio. En la ruptura de la conciencia, algo queda atrapado y causa inercia mental. El espíritu cósmico solo puede manifestarse en y a través de una matriz material, pero no puede manifestarse sin mente o sin la energía que produce la fusión de la matriz y lo que está potencialmente presente en el espíritu. Por eso, en todas las disciplinas espirituales, el campo de batalla es la mente. El hecho de que la mente se vuelva dual es el precio pagado por la autoconciencia y este precio implica tanto la autolimitación como la limitación de otros seres. Esta limitación se ve reforzada por las creencias religiosas que acortan la edad del hombre y la tierra, y también porque restringe los temores de muerte y decadencia, ya sea que se apliquen a la vida humana o colectivamente a una cultura. Hay un aumento consecuente en la incapacidad de la conciencia para liberarse de su identificación congelada con un aspecto particular del campo diferenciado que, en el mejor de los casos, es solo un velo sobre el proceso de la vida. En el núcleo mismo del proceso de la vida, todos los mundos están potencialmente presentes. Además de un campo diferenciado particular, un número infinito de campos potencialmente diferenciados permanecen latentes en un estado pregenéticamente diferenciado. Este es el núcleo de la realidad en el reino del pensamiento divino llamado *Mahat*, el reino en el que residen los Mahatmas. También está en el corazón del cósmico Eros o Fohat.

Ya sea que uno examine la estructura colectiva de la sociedad o un individuo en una familia nuclear, encontrará innumerables formas en que los seres humanos transfieren ansiedad y limitaciones entre sí. No todos los seres humanos están igualmente atrapados. Ni todos son presas de los mismos tipos de ilusiones. Algunas personas están perpetuamente sujetas a expectativas engañosas de éxito mundano. Pasan por experiencias dolorosas y parece que nunca aprenden realmente. Hay otros que experimentan reacciones violentas, y solo porque hay tanta violencia en su reacción, están atados igualmente en los puntos extremos de la oscilación entre el optimismo y el pesimismo. Otros parecen ser astutos y sutiles al dejar abiertas las posibilidades al negar sus implicaciones de forma intuitiva e inconsciente, aunque no tengan ningún mapa metafísico que los guíe. Siempre hay algunos en todas partes que recuerdan la gran galaxia de seres que están despiertos durante la larga noche de no manifestación. Conscientemente, comienzan con un cierto hilo de conciencia, y aquellos que los conocen desde una edad temprana pueden sentir cuán tranquilos van a dejar a un lado sus vestiduras mortales al final. El suyo es un reflejo hermoso y consciente de sí mismo, aunque guardado y velado, dentro de los vehículos menores y las órbitas ordinarias de la existencia profana. Mientras que otros seres humanos están maldiciendo la vida y a ellos mismos, estos heroicos pioneros se mueven como si estuvieran constantemente haciendo un avance interno hacia lo que sabían temprano en la vida y a lo que serán fieles hasta el final.

La diferencia entre los seres humanos tiene que ver con vidas anteriores, y con el triste hecho de que muchos seres humanos parecen gravitar una y otra vez en la misma dirección en la que habían quedado atrapados anteriormente. Dado un período de evolución suficientemente vasto, todos los seres humanos requieren en algún sentido estar donde están y necesitan sus ilusiones. Esto es cierto metafísicamente y con respecto a la evolución como un todo. Pero bajo la ley de los ciclos, en ciertos períodos de la historia y en momentos cruciales en el presente, las personas se separan de los caminos, un momento de elección. Es como si sintieran que, si no hacen algo, se quedarán atrás. Uno no puede retener a las almas que tienen trabajo que hacer con respecto a la evolución humana, que van a sembrar las semillas para la cosecha del mañana. Uno no puede esperar que sean retenidos por aquellos que nacen entonces bajo el karma, aunque no estén dispuestos o no a ponerse en esa postura en la que afirman con confianza su derecho a pertenecer a una vida más grande. Esto es parte del complejo proceso de la muerte de una civilización o de una época, y del nacimiento de un nuevo orden a través de una gestación larga y dolorosa. En última instancia, entonces, la fragmentación y el aprisionamiento de la conciencia no pueden entenderse únicamente en términos de la interdependencia entre los seres humanos, o las diferencias entre las personas vinculadas con las mismas ilusiones y aquellos con el coraje de romperlas. El término que falta en tal cuenta es la confrontación entre la autoconciencia y el vacío.

Si vida tras vida cada vez que uno comienza a negar y encuentra el vacío - y huye de regreso al mundo, se establece un patrón que no puede sostenerse indefinidamente. Supongamos que un individuo así entra en contacto con seres que han pasado por el vacío y no ven diferencia entre el vacío, ellos mismos y todos los demás seres. Tales Hombres de Meditación no entretienen ninguna emoción por debajo del nivel del Eros cósmico, y no engendran corrientes de pensamiento, excepto aquellas en el contexto de *Mahat*, la mente universal. El contacto con tales seres es una oportunidad inmensa pero también un desafío inmenso, un instrumento de precipitación. Todo el enigma del aprisionamiento de la conciencia, cuando se mueve del plano general a una persona en particular, únicamente puede ser resuelto por el individuo. Se puede dar la perspectiva, se proporcionan los mapas metafísicos, pero cada persona debe examinar por qué él o ella está en una condición particular en términos de recuerdos, sentimientos o ideas. Al mantener a la vanguardia de la conciencia una concepción que es más grande que cualquier visión habitual de uno mismo, y con la seguridad de que hay quienes han sido capaces de resolver todo lo que los individuos encuentran tan difícil de resolver por sí mismos, cada uno recibirá ayuda. Al final, cada uno debe sumergirse en la corriente. Todos deben participar en el autoaprendizaje individual, preguntando una y otra vez: "¿Qué es importante para mí? ¿Qué estoy dispuesto a dejar ir? ¿Tengo el coraje de morir y renacer?" Una persona que es sincera, sin perder el sentido de la proporción y el humor, deja de lado los períodos para dar pasos específicos en la dirección hacia el Camino. Esto se centra en lo que H. P. Blavatsky llamó al misterio del ego humano, el misterio de cada ser humano.

La necesidad del autoestudio se relaciona directamente con el descubrimiento del hilo de la continuidad individual, el *sutratman*. Este hilo de conciencia en cada persona es solo un aspecto de la esencia monádica de la cual uno es un rayo. Es lo que hace de una persona una mónada, un ser particular o un individuo, separado solo en la capacidad funcional para reflejar lo universal. Cada ser humano es una lente única capaz de reflejar conscientemente la luz universal. Si eso es lo que todos los individuos son en esencia, cuando se manifiestan a través de personalidades vinculadas con el nombre y la forma e involucradas en el mundo de la materia diferenciada, quedan atrapadas en una niebla psíquica que oscurece la claridad de la visión monádica del verdadero significado y propósito de la peregrinación de la vida. Sin embargo, en esa niebla queda un reflejo residual de lo que sabe la mónada en su plenitud. Esto es lo que se puede llamar el hilo sutrátmico dorado dentro de cada ser humano. El hilo se activa durante el sueño profundo, pero durante la vida de vigilia no se puede activar fácilmente. Está involucrado en el primer llanto del bebé al nacer y se vislumbra en el momento de la muerte. Se puede activar conscientemente en la meditación. El verdadero significado del sacrificio del Movimiento Teosófico es dar a los seres humanos en la vida vigilia puntos de contacto con lo que verdaderamente saben que son en un sueño profundo, y hacerlo de una manera que pueda dar a cada uno la fuerza de una afirmación colectiva. "Para vivir y cosechar la experiencia, la mente necesita amplitud, profundidad y puntos para atraerla hacia el Alma de Diamante. No busques estos puntos en el reino de Maya". El hilo dorado solo puede iluminarse como una base constante de luz para cada uno individualmente. Toda persona debe limpiar la mente – como un espejo que acumula polvo mientras refleja. Cada persona, mediante el autoestudio y el autoexamen, ayuda a mitigar el oscurecimiento de la luz dorada que se divide en detalles, se pierde en lo externo, queda atrapada en eventos particulares, a través de recuerdos que miran hacia atrás y a través de la realización de deseos que producen estados psíquicos irreales. Cada individuo debe desterrar este oscurecimiento por su cuenta.

Al final, sin embargo, uno no puede activar ese cordón dorado, como lo llamó Platón, sin la euforia de la auto trascendencia. Paradójicamente, cuando eres verdaderamente tú mismo, te olvidas de ti mismo. Estar tranquilamente involucrado en la manifestación del hilo dorado es aumentar la conciencia de todos los demás seres y de toda la vida. El autoestudio, entonces, tiene más profundidades de significado. Cuando una persona en un período de verdadera contemplación tiene una visión del Yo sutratmico, derribado desde arriba y que enriquece la conciencia a través de la activación del pensamiento divino, entonces, de repente, surgirá un contragolpe derivado de la resistencia del ser inferior. Uno descubrirá dolorosamente que la mente no puede permanecer por mucho tiempo en un nivel suficientemente abstracto e impersonal, y que el corazón no puede retener continuamente lo que es la miseria colectiva de la humanidad y amar a todos los seres. Se recurre a preocupaciones menores. El autoestudio se convierte en una forma de estudiar el yo inferior con firmeza y honestidad, junto con un sentido del humor hacia la ridiculez del yo inferior, el impostor que excluye la riqueza y la potencialidad del Yo. El verdadero autoaprendizaje toma la forma de estudiar aquellos períodos de la vida de vigilia donde hay un olvido y, por lo tanto, una negación del Yo. El autoaprendizaje es una forma de minimizar la propensión al olvido y la necesidad de demasiados recordatorios y, sobre todo, salvaguardar contra la necesidad de que te golpeen los nudillos con advertencias que provienen del proceso de la vida. Elegir los recordatorios de uno en lugar de que vengan del exterior es ajustar las proporciones de los momentos de tiempo que se gastan bien en aquellos que se desperdician al quedar atrapados en el olvido del hilo dorado. Estos momentos perdidos constituyen la tragedia de la crucifixión de *Christos*. Cuanto más uno encuentra que esto sucede, mayor es la necesidad de llegar a la raíz del problema. El autoestudio nunca puede ser objeto de esquemas porque debe variar para cada individuo, y cualquier persona puede encontrar que los esfuerzos repetidos solo producen resultados limitados. Puede haber momentos particulares cuando hay un destello brillante: uno ve a través de los disfraces y se libera. Pero esto es algo sobre lo que no se pueden establecer reglas generales porque involucra la interacción de variables complejas y las emanaciones de conciencia en la vida de cada hombre, y por lo tanto constituye parte del misterio del ego mismo.

Como lo enseñó y ejemplificó Sócrates, el autoestudio filosófico durante la vida es una parte integral de una preparación continua para el momento de la muerte. Una fuente fructífera para el estudio y la reflexión es el *Bhagavad Gita*. Robert Crosbie sugiere, en sus comentarios sobre el octavo capítulo, que existe un peligro real de que los frutos del esfuerzo no se trasladen a la próxima vida. La medida de la dificultad para aprovechar verdaderamente la enseñanza es idéntica a la que implica convertirse en inmortal. Aquellos para quienes la enseñanza se convierte en realidad pueden revertir la imagen falsa dada por la ilusión (*maya*) del proceso de la vida y por los moldes de interacción de los hombres en términos de la realidad que asignan a lo que es finito, lo siempre fugaz y lo falso. Son capaces de revertirlo tan completamente que ven con ojos de lástima y participan en las ilusiones de los hombres con una constante conciencia interna de *Mahat* y Eros cósmico. Tales hombres muestran una conciencia existencial de inmortalidad que va más allá de las señales y marcas externas, más allá de las formas, las palabras y los conceptos. Es esa conciencia la que, en última instancia, debe convertirse en la base por la cual uno piensa y, por lo tanto, por la cual vive, y cada uno debe cultivarlo independientemente. Pocos individuos llegarán a ese punto de la vida antes del momento de la muerte, donde obtuvieron el poder de matar su forma lunar.

Después de la muerte, todo ser humano tiene que permanecer en un estado en el que hay una disipación purgante de la forma lunar compuesta de ilusiones, miedos y ansiedades engendradas durante la vida. Son constituyentes de la sustancia de lo que las personas llaman "vivir" y "el yo", y disiparlos en la vida significa tener períodos en los que uno puede ver a través de uno mismo. La mayoría de los seres humanos se bloquea, porque ellos han desarrollado la tendencia de ver a través de otros más de lo que ven a través de ellos mismos.

En el Camino, a uno no le preocupa ver a través de nada en otra persona sin una compasión apropiada que solo puede ser real si se basa en el conocimiento obtenido al haber roto ilusiones comparables en uno mismo. Primero se debe construir en la vida diaria una conciencia que niegue las ilusiones, tamizando y seleccionando entre lo que es quintaesencial y lo que no lo es en cada experiencia. Hasta que esto se convierta en una corriente constante, uno no podrá disipar la forma lunar a voluntad antes de la muerte, pero para aquellos que lo han hecho, morir es como tirar la ropa. La vida en el sentido ordinario no tiene control sobre ellos y, por lo tanto, su llegada al mundo no es involuntaria. Eso es muy difícil de entender para la mayoría de los seres humanos. A medida que atraviesan un proceso doloroso de actuar en una dirección, reaccionando en otra dirección, pueden esperar repentinamente que con alguna confesión o ritual puedan borrar el pasado, pero como eso es imposible, la rueda de la vida es extraordinariamente dolorosa, monótona y sin sentido para ellos. Siguen siendo impulsados a la vida, repitiendo las mismas oscilaciones de ilusión. Platón lo describe gráficamente en el mito de Er. En cierto sentido, las personas convencionalmente buenas eligen la vida que envidian. Si su bondad está atrapada en las apariencias, serán engañados por trampas externas. Estar por encima del reino de las apariencias es ver el núcleo mismo de la vida, ver la justicia esencial de todas las cosas. Para poder manejar esa visión, se necesitará una verdadera compasión. Ejemplificar esto de manera auténtica y continua es, de hecho, ser capaz de negar sin cesar el propio ser y ver que ese ser está vinculado en última instancia con todos los demás seres en cada plano. En su raíz no es nada. No está condicionada, no está en el proceso, está más allá.

Es un proceso largo y difícil, pero dado el misterio del ego, las personas realmente no saben por qué fallaron en el pasado cuando hicieron tales intentos y no tienen derecho a desesperarse de antemano. No saben que, a través de lo que parecen ser pequeños pasos dados con integridad, pueden obtener grandes resultados. A veces, los primeros pasos serios se pueden tomar muy tarde en la vida. Afortunado es el hombre que comienza esto muy temprano en la vida. Pero ya sea temprano o tarde, se puede probar en relación con la reducción de los miedos y la elevación de todos los encuentros con otros seres. El Movimiento Teosófico busca maximizar la oportunidad para que los seres humanos ganen fuerza, apoyo, inspiración e instrucción para trabajar en el mantenimiento de la continuidad consciente de la conciencia. Esa conciencia les ayuda a desarrollar un ojo para lo esencial en la vida diaria, permitiéndoles distinguir lo eterno de lo siempre fugaz y no confundir lo efímero con lo duradero, no confundir las apariencias y las formas con las realidades arquetípicas. Hacerlo una y otra vez y, finalmente, convertirlo en una línea de meditación de la vida es la única forma constructiva en que una persona puede prepararse para el momento de la muerte: poniéndolo en términos psicológicos. También podría expresarse en términos del sonido que un ser humano puede pronunciar en el momento de la muerte. Ese sonido puede elegirse solo en un sentido limitado, porque toda la vida determinará un pensamiento y un sentimiento dominantes, y éstos determinarán qué sonido se pronuncia en el momento de la muerte. La línea de la meditación de la vida se refleja en la apertura particular del cuerpo humano a través de la cual se retira la corriente vital. Un ser muy sabio que mira un cadáver verá inmediatamente a través de qué orificio partió la vida y, por lo tanto, sabrá mucho sobre la conciencia del alma.

Durante la vida, los seres más sabios reúnen todas sus energías, como la tortuga tímida y vigilante, en lo que está dentro y por encima de ellas. En el momento de la muerte tendrán una experiencia gnóstica sublime que es una afirmación de la inmortalidad, un descarte alegre de toda conciencia de las condiciones. Habiéndose puesto más allá de las condiciones, son capaces de experimentar no solo anhelos inmortales, sino que a través de la continuidad del Eros cósmico incondicionado y a través de la continuidad de una conciencia incondicional de *Mahat*, experimentan la libertad espiritual. Este desprendimiento puede parecer a veces austero, pero se combina con una inagotable compasión y una inmensa vitalidad. Si viven bien, sin quedar atrapados en el proceso, cada carga recae ligeramente sobre ellos. Se están despojando constantemente, incluso cuando otros hombres se están drenando en los jardines de la ilusión. Constantemente afirman en nombre de toda la invocación Upanishadica: "Llévame de lo irreal a lo real. Llévame de la oscuridad a la luz. Llévame de la muerte a la inmortalidad". Cuando uno puede hacer una afirmación interna positiva de lo Divino adentro, esto se convierte en una potente corriente de pensamiento y sentimiento, energía y vida. Sin palabras, todas las acciones transmitirán a los demás una sensación de que detrás de los juegos de la vida hay una realidad más profunda de pura alegría en la que hay dignidad para cada individuo. Como entrenamiento preliminar para hacer esta invocación, todas las noches antes de irse a dormir uno debe renunciar a toda identificación con el cuerpo y el cerebro, con la forma, con todos los gustos y disgustos, con todos los recuerdos y anticipaciones. Uno debería invocar la misma afirmación al levantarse, así como en otros momentos elegidos y espontáneamente siempre que sea posible. Para que tenga sentido en el contexto de un universo gobernado por la ideación ilimitada de *Mahat* y bañado por la beneficencia del Eros cósmico, esta invocación debe hacerse no solo para uno mismo, sino para todos.

por Raghavan Iyer
Hermes, abril de 1979

61989917R00076